防災教育の不思議な力

子ども・学校・地域を変える

防災教育の不思議な力

子ども・学校・地域を変える

諏訪清二

岩波書店

はじめに

1 「被災地」と「未災地」

「被災地」という言葉に対して、今はまだ災害の被害を受けていないか、その記憶を持つ人がもういなくなってしまった地域のことを、私は「**未災地**」と呼んでいます。

これは、東洋医学の未病をもじって私がつくった言葉です。未病とは、簡単に言えば、健康に見えるけれど病気の一歩手前というところでしょうか。

被災地外に住む人は、「外」という言葉を拡大解釈して、自分たちは災害に遭わない地域に住んでいると安心しきっています。この安心感には根拠はありません。

こういう地域では防災教育はなかなか受け入れられません。自分が健康だと思い込んでいる人が健康診断を受けなかったり、日常の食生活や運動に注意を払ったりしないのと似ています。必要がないと思っているからです。

しかし、実際には、災害がいつ、どこで、どれだけの規模で起こるかは、誰にも正確に予測することはできません。逆に言えば、災害が発生しない地域を断定することも不可能なのです。もちろん、地盤がしっかりした高台の新興住宅地は、地震に強く、水害にも遭わないでしょう。活火山のない近畿地方で火山災害があるとは考えられないし、長野県や山梨県が津波災害に遭うことはありません。一方、このような山岳地帯を抱える県は、常に土砂災害と隣り合わせの状況にあります。

人は生まれ育った場所に一生住み続けるとは限りません。海のない地域で生まれ育った人が、仕事で三陸地方の海岸沿いの会社に勤めるかもしれません。東海地震や東南海地震、南海地震が危惧される地域へ転勤するかもしれません。旅行でたまたま災害に遭遇することも考えられます。自分の住む地域というミクロの目で見ていけば、特定の災害に強い地域と弱い地域を区別することは可能でしょうが、マクロな視点に立てば、日本のどこにいても何らかの災害に遭う危険性があるのです。

災害が発生するたびに、テレビのインタビューに答える被災者の声はいつも同じです。

「まさか、自分がこんな災害に遭うとは思ってもいなかった」

日本のような災害多発国に暮らす以上、誰もが、災害の一歩手前にいると考えるべきなのです。その危機意識を持ってもらうために作った表現が「未災地」です。

怖いから、危ないから、備えなさい、防災を学びなさいという脅しの意味を込めたのではありません。ただ単に、災害と無関係の土地などどこにもないという事実を知ってほしいだけです。その認識が防災を始める第一歩です。

「未災地」という言葉は変化させて使うことも可能です。そこに住む人々に言及する場合は、「未災者」です。災害を遠くの出来事だと思っている人々は、自分たちが災害の一歩手前にいる「未災者」だという意識を持つことから始めましょう。

2 アプローチ、メソッド、テクニック

私は学生時代、英語教員の免許取得をめざして、教科教育法を専門に学んでいました。そこでアプローチ、メソッド、テクニックという言葉に出会いました。

アプローチ(approach)は、本来は「近づく」という意味です。メソッド(method)は、ある目的を達成するために総合的に研究・実践していく方法を表しています。メソッド(method)は、その目的を達成するために必要な方法、テクニック(technique)とは、その方法の一つひとつを成功させるための、具体的な技術と考えればいいでしょう。

教育を薬箪笥《くすりだんす》にたとえてみましょう。薬箪笥には小さな引き出しがたくさんあります。

宮崎駿の数々の秀逸なアニメを代表する「千と千尋の神隠し」(スタジオジブリ)には、油屋と

いう湯屋でボイラー室の管理をしたり、薬草を調合したりする釜爺《かまじい》という名の男が出てきます。伸び縮みする六本の腕を持ち、丸い黒サングラスをかけた痩身の男です。油屋の風呂を沸かし、薬簞笥に並んだ無数の抽斗《ひきだし》からいくつかの抽斗を選んで、その中から薬草を取り出して薬湯の薬を調合しています。

このシーンを見ると、私はいつも一時間の授業や一連の授業から成る単元を構築していく作業を思い浮かべます。薬草の調合が、教育の授業と単元づくりにそっくりなのです。巨大な薬簞笥がアプローチ、いくつかの抽斗群をまとめて一つの、共通の意味を持つかたまりにしたものがメソッド、一つひとつの抽斗に収納されている内容物がテクニックだと考えてください。

私は英語の教師です。英語教育を例にして、薬簞笥と抽斗の関係(つまりアプローチ、メソッド、テクニックの関係)を説明します。

英語教育の目的は様々です。異文化の理解、専門書の講読、海外留学、海外旅行での会話、日常生活での会話、大学入試の突破など、人によってその目的は違っています。

ここで、日常会話を中心としたコミュニケーション能力の育成を教育目的とすると仮定します。これはアプローチにあたります。そのために、授業では英語しか使わないという教授法を採用すれば、それがメソッドになります。そしてその英語オンリーの授業の中で、ＣＤを繰り返し聞かせたり、ディクテーションで聞き取り能力を高めたり、シャドウイングで聞き取る力としゃべる能力を高めたりするといった、一つひとつの手法をテクニックと呼びます。

英語教育やその他の既存の教科・科目では、このアプローチとメソッド、テクニックが、教科教育法の専門家の手によって整理されており、教員は必要に応じて参考にすることができます。薬箪笥と抽斗が使える状態で準備されているのです。

ところが防災教育では、この作業がまだ、他の教科・科目のように総合的、継続的、機能的に行われているわけではないのです。

3　防災教育の薬箪笥

防災教育がかなりの熱意をもって進められてきたこの一〇年余りの間に、実践事例やアイデアがたくさん開発され、蓄積されてきました。すでにその一つひとつの教材や教授方法が、薬箪笥の抽斗に入っています。ただ、残念ながら、まだ整理されているわけではありません。

授業をつくる人は、自分の目的に合わせて必要な抽斗を開き、そこに収められている教材と教授方法、アイデアを使って、一時間の授業を構成すればいいのです。数時間の連続した防災授業を行いたければ、いくつかの抽斗を開き、その内容物をうまく並べていけばいいわけです。

この手順の中で、開くべき抽斗を選ぶ作業をセレクション(selection：選択)、選んだ教材や教授法、アイデアを単元の目的に沿って並べていく作業をグラデーション(gradation：配列)と呼びたいと思います。

セレクションとグラデーションも、私が英語の教員免許取得を目指して勉強していた教科教育法の講義で知った言葉です。事前に決められた教育目標の達成のために必要な教材を選び(セレクション)、それを子どもたちが理解しやすい順番に並べていき(グラデーション)、一時間の授業、数時間から構成される一つの単元の授業をつくるという考え方です。

防災教育の抽斗には、後で紹介する「防災教育チャレンジプラン」や「一・一七防災未来賞ぼうさい甲子園」などの防災教育支援プログラムが、一〇年以上の実践を通して蓄えてきたたくさんの宝物が詰まっています。教材や教授法、子どもたちの関心を引くアイデアでいっぱいです。防災教育に関わってこなかった人には信じ難いかもしれませんが、防災教育のアイデアはほぼ出尽くしたといってもいいでしょう。防災教育の薬簞笥にはそれだけたくさんのノウハウが蓄えられているのです。

問題は、そのアイデアの詰まったたくさんの抽斗が、巨大な薬簞笥に何の法則もなくバラバラにはめ込まれているということです。抽斗の中も整理されていません。どの抽斗を開くかは授業実践者に任されているのですが、抽斗の多さと無秩序な配列のせいで、どの抽斗とどの抽斗を開いて、どう配列すれば病状に合った薬が作れるかが、多くの教職員にはわかりにくいのです。

防災教育が広がっていくためには、抽斗の中の整理と抽斗の再配列が必要です。関連するいくつかの抽斗を組み合わせて単元をつくる作業です。出来上がった単元をもっと大きな項目で集める作業です。つまり防災教育のテクニックを集めてメソッドをつくり、メソッドを集めてアプローチをつくる作業が必要なのです。その結果、整理され使いやすい薬箪笥が出来上がります。それが、防災教育の教典になっていくのです。

この作業を組織的、機能的に行うべきところまで、防災教育の実践の蓄積は進んできているのです。

目次

4章　語り継ぎ

装丁＝森　裕昌

1章

防災教育力——防災教育が持つ不思議な力

1　中国で教えられた日本の防災教育の良さ

とりあえず逃げることの意味

二〇〇八年五月一二日、中国四川《しせん》省でマグニチュード八・〇の大地震が発生し、八月四日の時点で六万九二〇七人が死亡し、一万八一九四人が行方不明となりました(中国地震局)。多くの学校が倒壊し、子どもたちが生き埋めになったニュースは衝撃的で、日本の学校関係者にも校舎の耐震化が急務であることを強く印象付けました。

私は、大地震の後、国際協力機構(以降、ＪＩＣＡ)が中国の中華全国婦女連合会と共同で行った「四川大地震復興支援こころのケア人材育成プロジェクト」に準備段階から参加し、五年間、心のケアプロジェクトに関わってきました。といっても、心のケアの専門家ではなく、防災教育の関係者として防災授業の紹介や模擬授業、防災教育の理論面の講義を受け持ってきました。

五年間の訪中で、四川省、陝西《せんせい》省、甘粛《かんしゅく》省で被災した多くの教職員に出会い、話し合ってきましたが、その中で一人、こんな話を紹介してくれた先生がいました。

「日本の防災教育は素晴らしい。中国のあるビルで火災があった時、中国人は逃げ遅れて亡くなった人もいたが、日本人は全員、すぐに避難して助かった。なぜ避難したのかと問うと、日本では年に二回は避難訓練をするという。全国の学校が避難訓練を実施しているなんて、中国では考えられない」

私は正直、日本に対する過大評価だと思いました。日本では、消防法で決められた火災避難訓練を義務的に行っているだけの学校がほとんどなのです。

火災避難訓練の典型では、授業が始まって数分後に火災ベルが鳴ることを事前に子どもたちに教えて、避難経路も周知しておきます。予定通りにベルが鳴り、子どもたちは「押さない・走らない・しゃべらない・戻らない」の原則を守って、あらかじめ決められた広い場所（ほとんどがグラウンドです）に避難します。点呼の後、校長先生や担当の先生が避難にかかった時間を発表し、もっと早く逃げることができたはずだと叱ります。いわば、「走るな」「遅い」の避難訓練です。ちっとも面白くありません。

もちろん、このような避難訓練にもっとリアリティを持たせて、子どもたちを本気にさせようとする工夫も広がってきています。

複数設定した避難経路のうちの一つを急きょ通行止めにするとか、避難途中に子ども数人を隠して点呼の正確さをチェックするとか、無害な煙を廊下に充満させるとかいった工夫です。しかし、日本全体では、正直、中国の先生から素晴らしいと称賛されるような防災教育の域には達していないと思っていました。

ところが、しばらく考えて、一つの素晴らしさに思い当たりました。それは、火災があったらできるだけ早く避難するという概念を全国民に徹底することが、当たり前のように行われている事実です。日本の防災教育はまだまだ避難訓練レベルだと悲観する前に、何かあったら身の安全を守るために避難するということが徹底できている素晴らしさにスポットを当ててもいいのだと思い当たりました。もちろん、そこにとどまるのではなく、改善と進歩が必要ですが、悲観する必要もないように思えたのです。

詰め込み主義への挑戦

ＪＩＣＡの「四川大地震復興支援こころのケア人材育成プロジェクト」が終わるころ、二〇一三年四月二〇日、四川省雅安市芦山県でマグニチュード六・八の地震が発生しました。四月二三日六時の段階で、死者一九三人、行方不明者二五人と伝えられています（中国地震局）。

中国最大の民間基金である壹基金（One Foundation）が被災地支援を行いながら、雅安市で防災教育のプログラムを開始しました。災害後の被災地の回復力を高めるには、災害後の対応だけではなく、備えが必要であることに気付いたからです。

ＪＩＣＡ北京の紹介を受けた壹基金の防災教育責任者との話し合いの結果、壹基金が四川省雅安市で始める三年計画のプロジェクトに私が参加することになりました。二〇一四年から始まったプロジェクトでは、年に二回、現地の小学校で子どもたちに防災の授業を行い、先生方と意見を交換し、防災教育の講義を行っています。

意見交換では、いつも率直な感想や質問、私の授業への評価が出されます。その授業評価が、私にとっては大変興味深いものでした。

中国の学校教育では、知識の獲得に力を入れます。大学入試は日本と違って、「全国大学統一入試」という一回だけの全国テストの結果だけで、判断されます。よい点を取れなければ希望大学とは違う大学に振り分けられると聞いたこともあります。大学入試の成否が人生を左右するのです。そのため、受験生が感じるプレッシャーは非常に強く、親、親戚の期待がそれに拍車をかけているようです。

この入試が終わった後、生徒たちが受験勉強で使った教科書や参考書を細かく破って、校舎から紙ふぶきのように投げ捨てる写真を、かなりの驚きをもって見たことをよく覚えています。

これは、高度経済成長期からバブルが崩壊するまでの日本の状況によく似ています。一生懸命勉強して、いい大学に入ればいい企業に就職でき、一生安泰だという現実があるようです。

当然、授業は詰め込みになります。教師が知識を与え、子どもたちはそれを記憶することを要求されます。これは、小学校から始まるようです。

このような教育背景があるため、壹基金の関係者(多くは二〇代の若者でした)と現地の先生方は、私の防災教育も大切な知識を教える一方通行の授業だろうと考えていたようです。ところが、私は、子どもたちにグループワークをさせたり、討論、発表させたりしました。その授業スタイルはとても斬新だったようで、活動的な授業形態に高い評価を与えてくれました。

私には予想外の評価であり、驚きでした。

日本でも、高校の受験勉強時期になると、教師が一方的に知識を生徒に伝えていく授業が主流です。討論や意見発表などは、科目によってはとりくんでいるかもしれませんが、受験科目の授業ではほぼ考えられません。中国の過酷な状況とそれほど大きな違いがあるわけではありません。

しかし、日本の先進的な防災教育で採用されている授業方法は、一方的な知識の注入ではありません。グループワークや意見交換、共同作業、発表と相互評価などの多様な活動を取り入れています。私には当たり前だったその部分が、壹基金関係者と先生方には新鮮だったのです。

彼らを驚かせた要因はもう一つあります。中国の子どもたちが、友だちと真剣に話し合い、協力し合いながら生き生きと作業し、恥ずかしそうではあるけれども一生懸命発表したからです。

彼らの指摘によって、日本の防災教育が子どもたちを主体的、活動的、能動的に学習させる力を持っていることに改めて気付かされました。このことが、私が、防災教育が教育改革の可能性を秘めていると考える理由の一つなのです。

2　被災者・被災地と未災者・未災地の出会いが生む「戸惑い」

価値観の衝突

被災地で高校生と一緒にボランティア活動に従事したり、被災地の高校生と交流したりすると、未災地から来た高校生たちが混乱に直面しているように見えるときがあります。

二〇一一年五月、当時私が勤務していた兵庫県立舞子高等学校の生徒たちは、東日本大震災の被災地に出かけて行き、津波が家の中に運び込んだ泥を取り除くボランティア活動をしました。被災地の山の中にあって、津波の影響を直接受けなかった、廃校となった小学校に泊まり込んで、一日三食を自炊しながら、ボランティアセンターの管理のもと、民家の泥をかき出しました。参加した高校生は、丸五日間、ひたすら泥かきに汗を流しました。

毎日、作業が終わり夜になるとミーティングをして、一日を総括するのですが、何人もの生徒が同じような悩みを吐露《とろ》しました。

「いくらがんばって床下の泥をきれいに取り除いても、外に出て周辺の景色を見ると何も変わっていない。茶色い泥の田んぼが広がり、ひしゃげた車が転がり、傾いたり、ひっくり返ったり、完全に倒壊してしまった家や建物が並んでいるだけ。『自分たちは本当に役に立っているのか』

という疑問がわく」

生徒の心の中で、自分は役に立っているという肯定的な考えと、役に立っていないという否定的な考えが衝突し、混乱を引き起こしていたのです。これだけがんばっているのだから役に立っていると思い込みたい自分と、被災地の何も変わらない風景に打ちのめされている自分が心の中で交錯し、どう納得したらいいかわからなくなってしまったようです。

舞子高校が始めたプロジェクトの一つに、「中学生・高校生防災ジュニアリーダー育成合宿」があります。夏休みに防災やボランティアの研修を受け、その後、実際に東日本の被災地に出かけて行ってボランティアを行い、現地の高校生と交流もします。未災地である兵庫県の高校生と被災地の高校生が出会い、語り合う場です。

もちろん、兵庫県は阪神・淡路大震災を体験した被災地であり、未災地という表現はあてはまらないかもしれません。しかし、東日本大震災が発生した頃の高校生にとって、阪神・淡路大震災は、自分が生まれた頃の、過去の話なのです。兵庫県の高校生は、東日本大震災が発生したときにはもう、未災者だったのです。

宮城県で行ったワークショップで、被災地と未災地の高校生が同じグループになり、被災体験を中心に、災害や支援について話し合いました。その夜、全員が感想を共有する機会を設けたのですが、その場で兵庫県のある高校生がこんな話をしてくれました。

「自分は、防災ジュニアリーダーとして勉強をして、被災地でも何か役に立つと思って一生懸命がんばった。被災地の高校生たちといろんな話をした。役に立ったと言いたいけれども、言いきれない。役に立ったかどうか、自信がない。役に立ったと口にすることには『戸惑い』を感じる」

私は、「戸惑い」という言葉をとてもいい響きで聞いていました。そこには確かに、混乱があるのです。そしてその混乱こそが、価値観の衝突がもたらしたものであり、防災教育に備わった高い教育力に直結しているものであり、人の成長に欠かせないものだと、私は考えています。

未災者の戸惑い

東日本大震災から四年目の二〇一五年三月一一日、私は宮城県石巻西高等学校で開かれた「みやぎ鎮魂の日」の行事で、中学生、高校生、大学生(石巻西高校の卒業生)が語り合うパネルディスカッションのコーディネーターをしていました。生徒たちは四年前の体験を、時には詰まり、時には涙し、しかし四年の歳月の中で様々な人々と出会い、考え続けてきたであろうことが手に取るようにわかる語りで、参加者に伝えてくれました。

ある中学生は、小学生の時に経験した津波の体験を紹介しながら、こんな話をしてくれました。「津波の後、たくさんの励ましの手紙をもらったけど、読む気がしませんでした。みんな『がんばれ』というけど、他人事みたいだったからです。いまでもこんなこと言っていいのかなと悩みます。私はその時、『何をがんばればいいの？』と考えていました。でも、津波から二年、三年と経って、その手紙を読んでみる気になりました。手紙をくれた人も、私たちのことを真剣に応援してくれていたんだと思えるようになっていました」

この言葉は、私の心に強い衝撃を与えました。

被災者と支援者の価値観の違いについては、私は何度も聞かされ、知った気でいました。支援者が「がんばれ」というけれど、日本中が「がんばろう」の大合唱だけれど、それは、がんばらなくてもいい人が、いくらがんばっても先の見えない人に、気楽に「がんばれ」と言っているのだと思っていました。「がんばれ」で死んだ人は戻ってこないし、「がんばろう」で生活再建はできないと考えていました。それは、気楽な「がんばろう」を連呼する人への嫌悪感と同義でもありました。

でも彼女は、当初は反感があったけれども、津波から三年ほど経って、その言葉を受け入れる気持ちになったと言っているのです。なぜでしょうか。年月の流れが、彼女に変化を生み出したのでしょうか。

私は、単なる時間の経過があったからではなく、その時の流れの中で、彼女が多くの人と話し、本や新聞を読み、テレビを見て震災を考え、ひとりで悩み、友だちと話し合い、時には衝突し、考え直し、多様な意見を受け止めようとする作業を続けてきたからだと思うのです。自分の災害体験を、自分にとって意味のあるものにする作業を続けてきたからに他ならないと考えるのです。

心のケアの専門家に教えてもらった表現があります。

トラウマは心の傷です。子どもが転んでひざをすりむいたら血が流れるように、心のトラウマからは血が流れています。

ひざのけがはいつまでも血を流し続けるわけではありません。いつかは治って、傷痕になります。心の傷も、いつかは治癒します。しかし、完全に消え去るわけではありません。傷跡として残るのです。そして、心の傷を傷痕にする作業、つまり、災害体験の意味を考え、自分にとって意味のあることとして受け止める作業が、被災者には必要です。そのサポートが心のケアです。

被災地の子どもたちは、家族や先生、友だち、地域の人々とのかかわりの中で、自分の災害体験の意味を考え続けているのです。だから、先の女子中学生は、災害発生直後にもらった手紙を、時が経ってから読み、受け止めることができるようになったのではないでしょうか。

整理と混乱

防災教育に必要な要素は何でしょうか。

私は、「**整理**」と「**混乱**」だと考えています。

教育の目的は頭の中を整理することだと私たちは考えています。例えば、数学の方程式がわからないとき、解の方法を先生に丁寧に教えてもらって理解できると、とてもうれしくなります。知識が整理されて頭の中の抽斗に収まり、達成感や充実感を味わう体験は多くの人が持っているでしょう。

防災教育における整理とは、防災に関する知識を学ぶことです。災害を引き起こす自然現象のメカニズムの理解、災害への正しい備え、災害発生時の正しい対応などを知識として学ぶことです。学習を通して、防災の知識が頭の中の抽斗に整理されて収納されます。

では、知識さえあれば、実際の災害を乗り切れるでしょうか。

答えはＹｅｓとＮｏの中間にあります。知識だけでは乗り切れません。かといって、知識がないと、やはり乗り切れません。知識にプラスして、自分を取り巻く情報を収集し、判断し、行動していく力も必要です。その情報収集から判断、行動に至る過程では、知識が必要です。情報を集め、自分の知識を加味し、他者の知識を借り、話し合って判断し、行動していくのです。

災害時には、自分のいる状況を知った時、その苛酷さに絶望しそうになるかもしれません。たとえ過酷ではないにしろ、かなり慌てるかもしれません。どう対処していいかわからず、混乱するかもしれません。そして、その混乱を乗り越えていく時に必要な力が、情報収集力や判断力、行動力なのです。

このような力を子どもたちに育むためには、子どもたちの中に意図的に混乱を引き起こし、情報を集めさせ、考えさせ、討論させ、判断させ、行動させる体験が必要です。一見解決不可能のような課題を与えてチャレンジさせたり、他者との協力なしには成し遂げることができない課題を与えてとりくませたりする教育が必要です。

このような教育手法は、防災教育の実践事例によく見かけます。例えば、よく行われている不意打ちの避難訓練では、子どもは一瞬混乱状態に陥ります。子どもたちは周りを観察して、自分が何をすべきかを考え、行動に移します。安全な場所を確認するには、前もって学んだ知識も使うはずです。

地震が発生した時、学校の中にどんな危険が潜んでいるかを探し出し、図面に落とし込むワークショップも全国で広く行われています。危険個所の探索はグループで行います。複数の子どもたちで探すことで、自分とは違う発見をする友だちもいることに気付きます。マップにまとめ発表するときは、意見を言い、意見を聞き、協力します。

このような防災教育では、新しい課題(意図的に与えられた混乱)を解決するために、すでに学んで整理されて頭の抽斗に格納されている知識を使っていくのです。

出会いがもたらす混乱と学び

被災地・被災者と未災地・未災者の衝突は、子どもたちの頭の中に混乱を引き起こします。自分が正しいと思い込んでいた価値観が揺さぶられ、もしかしたら間違いかもしれないという不安に駆られ、戸惑います。その戸惑いが、問題解決の原動力となるのです。

私が理想とする防災教育は、被災者と未災者が出会う場所を意図的に作り出し、そこで起こる衝突や混乱、戸惑いが両者に強い影響や印象を与えることによって成り立ちます。

このような防災教育で不可欠なのは、出会いの場づくりです。

舞子高校の環境防災科が、被災地のボランティアにとりくんだり、被災地の学校と交流したり、あるいは、ワークショップのような手法を多く取り入れてきたりしたのは、支援や交流が目的でしたが、結果的には、このインパクトのある出会いを作り出し、生徒たちを混乱させるためだったのかもしれません。

私が今でも、被災地と未災地の交流を進める場づくりに関わっているのも、同様です。生徒たちに混乱を引き起こしたいのです。既存の価値観をいったん破壊し、そこから、自分が見て、聞いて、考えたことを加味しながら、自分なりの価値観を構築していってほしいのです。

ただ、蛇足ではあっても確認しておかなければならないことがあります。それは、被災地は教材ではない、被災者は教科書ではない、という事実です。私たちは、被災地に学びに行くのではありません。目的はボランティアや支援、交流です。混乱や衝突を通した学びはあくまでも結果であると、私はいつも自分に言い聞かせています。

教え子の中には、災害ボランティアを経験して、過疎と高齢化の課題が被害をより拡大していることに気付き、過疎地の高齢化問題を大学での研究課題に選んだ生徒がいます。被災者との交流経験から、本当の支援とは何かを考え始め、被災地支援を本務とするＮＰＯで働いている卒業生もいます。

被災地訪問の目的は支援や被災者との交流であって、その結果、自分が歩んでいく方向に気付いたのです。

もう一つの蛇足です。

出会いは、間接的にも可能です。本を通しての出会い、映像を通しての出会い、教師の語りを通しての出会いが、その間接的な出会いにあたります。

3　スリランカでの新しい試み

インド洋大津波の被災地とのかかわり

二〇〇四年一二月二六日、インドネシアのスマトラ島北西沖で発生したマグニチュード九・一の巨大地震が引き起こした大津波は、インドネシア、インド、スリランカなど、インド洋沿岸のほぼ全域に甚大な被害をもたらしました。死者は二〇万人をはるかに超えているといわれていますが、正確な数はわかっていません。

私は、津波発生から半年後、スリランカとインドネシアのバンダアチェで、現地の先生方を対象としたトラウマ・カウンセリングのプロジェクトに参加しました。このプロジェクトはＥＩ(Education International：世界の教職員組合が構成する国際組織。日本語では「教育インターナショナル」と呼ばれている)が行ったもので、学校建設と奨学金の給付、心のケアの三つの支援にとりくみました。ＥＩのメンバーである日本教職員組合(日教組)が資金を提供し、兵庫県教育委員会の震災・学校支援チームＥＡＲＴＨのメンバーが派遣されました。私もその一員としてプロジェクトに参加しました。

被災地の現状を見て、そこで支援に奔走する人々との関係ができたことで、インド洋大津波の被災地は、私の中で大きなインパクトを持つ存在となりました。それからも、スリランカの支援者との関係が続き、舞子高校の生徒とともに被災地を訪れて交流をしたり、個人的にもＥＩプロジェクトのカウンターパートナーを頼って心のケアと防災教育の授業や講義を行ったりしてきました。

防災教育的対応と心のケア的対応

私は国内外で、被災地の教職員を対象とした防災教育の研修会の講師をしたり、被災地の学校との交流に参加したりしてきました。そこで出会った先生方や参加者からよく同じ質問を受けました。日本でも海外でも、心配事は同じようです。

「子どもたちが『また、あの大津波がやってくるかもしれないと思うと、恐ろしい』『同じような地震が発生するかもしれないと考えると怖くて仕方がない』と言う。どう対応したらいいのか？」

この質問には二種類の答え方があります。心のケア的な回答と防災教育的な回答です。

心のケア的な回答は、次の三つです。

「あれだけ怖い思いをしたのだから、また同じ災害がやってくると思って怖がるのは当然だ。何もあなたがおかしくなったのではない。普通ではない状況での普通の反応だ」

「あなたが怖がっている時、いつも私がそばにいてあげる。だから大丈夫だ」

「防災を勉強して、きちんと備えたら、もう二度と同じことは起こらない」

三つの答え方すべてに共通するのは、安心感を子どもに与えるということです。

一方、防災教育的な回答は、こうなります。

「地球の表面は十数枚のプレートに覆われており、それは、地球内部のマントルの動きによって、年に数センチずつ動いている。地震はエネルギーが溜まってピークに達したときに、プレートが一気に動いたり、断層が動いたりして起こる。一度大きく揺れたということは、そのエネルギーが放出されたということ。その後の揺れは、岩盤の割れ残りがすこしずつ壊れているのだから、だんだん小さくなっていって、最後にはなくなっていく」

この説明は、たこせんべいにたとえると、子どもたちにはとてもわかりやすいようです。大きなたこせんべいが岩盤です。両端に力をゆっくり入れていくと、ある時点でパキンと割れます。それが断層の破壊です。そして、割れ残った部分がぽろぽろと取れていきます。それが余震です。

防災教育的回答では、もう一つ、備えの話をします。

「たとえ大きな地震が発生しても、耐震化や家具の固定を進め、数日分の食料の保存をしておけば大丈夫だ。備えれば、心配ない。地震や津波のときはどう避難したらいいかを勉強していたら、いざというときにも落ち着いて行動できる。怖がることはない」

こうやって子どもたちに安心感を与えるのです。

心のケア的回答でも防災教育的回答でも、子どもたちに安心感を与えることが大切なのです。

ホッとした

従来、被災地では、心のケアは防災教育とは無関係に、単独で行われていました。防災教育も同様です。心のケアとは別物であると考えられていました。両者が一緒に扱われることはありませんでした。

防災教育の中で災害の映像を見せたり、災害の体験を話したりすると、子どもたちが泣いたり、心や体の調子が悪くなったりすることがあります。防災教育と心のケアがつながっていないので、どう対処したらいいかわからないというのが実態でした。だから防災教育は避けたいという意見もよく聞かれました。防災教育が「寝た子を起こす」ように子どもを混乱させるから、あの津波から三年間、防災教育を一切行わなかったという学校もありました。

私は東日本大震災の被災地で、津波に関わる教育を避けてきた中学校で防災教育と心のケアの授業をしたことがあります。心のケア的対応と防災教育的対応の両方を取り入れた授業です。

授業の終わりに、あいさつをしてくれたある生徒が、こんな発言をしました。

「私は今まで、テレビで災害の映像を見たりすると、とても悲しくなったり、辛くなったり、何もする気が起こらなくなったりしていました。自分がおかしくなったと考えたり、もっとしっかりしなければと自分を責めたりしました。でも、そうではなくて、そんな気持ちになるのは、あれだけの災害を体験したのだから当たり前のことなんだと学べました。とてもホッとしました」

今、被災地で必要とされているのは、**心のケア的防災教育と防災教育的心のケア**なのです。

アクションプランの二つの意味

スリランカでの防災教育と心のケアに話を戻しましょう。

防災教育と心のケアの融合については、阪神・淡路大震災後の兵庫県や東日本大震災後の宮城県でスクールカウンセラーのスーパーバイザーを務めてきた臨床心理士の高橋哲《たかはしさとし》氏と、被災地支援、防災教育の専門家で、神戸学院大学現代社会学部の舩木《ふなき》伸江《のぶえ》准教授、そして私が共同提案して、ＪＩＣＡの草の根事業として三年間とりくんできた面白い実践があります。

高橋氏は、国内の被災地で子どもたちや教職員のケアにあたったり、スクールカウンセラーや教職員に助言、指導を行ったりしています。インド洋大津波の被災地や中国四川大地震の被災地など、海外の激甚災害の被災地でも心のケア活動を展開してきました。

舩木氏は、学生とともに防災教育の教材を開発したり、小・中学校で子どもたちに防災を教えたりする一方、持続可能な防災教育プログラムの開発にも力を入れています。

私たちがとりくんだ「スリランカ国における持続可能な『トラウマ・カウンセリングと融合した防災教育』活動推進プロジェクト」では、心と体の健康チェックとストレスマネジメントなどの心のケアの支援プログラムを伝え、日本の防災教育の事例を参考にしてつくったアクションプラン（学習活動計画）を現地の教育関係者に提示して実践してもらいました。その成果を集めて、心のケアと防災教育が融合したテキストとマニュアル、教育方法を、スリランカの先生方の手で完成させました。

以下にそのアクションプランを簡単に紹介し、防災教育と心のケアの視点から、そのアクションプランを評価・記述します。現地の先生方がとりくんだアクションプランには心のケアに固有のものもあるので、それは門外漢である私が言及することは避け、防災教育に関わる内容のものだけを紹介します。

▼津波の作文を書く

体験を思い出していく中で、子どもたちは、「災害を勉強しておけば……」「きちんと備えておけば……」「逃げる判断が遅かった……」などの防災的追体験を行います。災害と向き合い、備え、対応することの大切さを理解することで防災教育が進んでいきます。

自分の体験を文章化することは容易ではありません。思い出したくない気持ちが働いたり、つらい気持ちがよみがえってきたりします。そんな子どもたちが、安心できる環境の中で、信頼できる先生から文章を書く機会を与えられると、自分の体験の意味を考え直すことにつながります。その作業が津波の体験に意味を与え、その体験とうまく付き合っていく助けになっていきます。

▼津波経験者から体験談を聞く

体験者の話を聞いた子どもたちは、自分ならどうしただろうと考えます。他者の成功事例、失敗事例から防災のノウハウを自然と学んでいきます。

話を聞くことは受け身の体験ではありますが、そこで聞いた内容を絵本に落とし込む作業は能動的な活動です。絵本の制作を通して、津波体験が子どもたちの心の中で変化していきます。できた絵本を年少の子どもたちに読み聞かせれば幼い子どもたちの安全を守る活動ともなり、子どもたちの中に、自分も誰かの役に立っているという自己肯定感、自己有用感が育っていきます。

▼津波の一日前に戻って何をするか考える

この活動は、自分を仮想災害の一日前において、どう備えれば被害を軽減できるか、どんな力をつけておけば適切に避難できるかを話し合う防災的意図を持つ活動です。「一日前プロジェクト」として知られています。

この話し合いを被災者同士で行うと、自分の体験を問わず語りに話し始める参加者が少なくありません。「語れ」と命令されれば語りにくいことでも、自然な語りとして披露できるのです。被災者は、語りを通して自分の体験と向き合うという心のケアのプロセスを体験することになります。

▼津波浸水マップをつくる

マップをつくると、自分の家やまちの中の危険な個所と安全な場所を確認できます。事前にリスクを知り、適切に備えることが（避難しか方法が残されていないとしても）、安全へとつながっていくことを学べます。

マップの公表は社会への貢献になります。災害を体験して辛い気持ちを持っている人がこの活動をすると、社会貢献を通して自己肯定感を得ることができるかもしれません。自分が社会に必要な存在だと認識すると、災害に打ち負かされそうな気持ちの支えになるかもしれません。

▼災害のメカニズムを学ぶ

ハザードを知ることは相手を知ることであり、敵を知り、適切な備えをすることが被害の軽減につながることを教えれば、子どもたちは災害を必要以上に恐れなくなります（正しく恐れることにつながります）。

そのことが、子どもたちに安心感を与えてくれます。

▼浸水マップや避難地図を地域に掲示する

大人たちは、子どもたちの活動には敏感です。子どもたちによる地域防災活動が、地域全体の防災活動の起爆剤となります。

子どもたちから見れば、学校での学習を社会貢献に活かすことができます。自分の小さな活動が社会の役に立っていることを知って、子どもたちは自分を肯定します。自分が社会に必要とされているという実感を持って、うれしくなるでしょう。

▼防災新聞を地域に掲示する

子どもたちが作成した成果物を地域の大人に提示すれば、大人はそれを無視できません。安全マップや防災新聞の掲示は、地域の大人が防災に関心を寄せるという成果を引き出す、社会への貢献が期待される活動です。

この活動も、他のアクションプラン同様、子どもの満足感、自己有用感、自己肯定感を引き出してくれるはずです。

▼生徒の津波経験をもとに、紙芝居や絵本をつくる

紙芝居や絵本のように、災害体験や防災の大切さを年少の子どもたちに伝えるツールの開発を通して、学習者は自分が学習したり体験したりしたことを、頭の中に定着させていきます。また、次世代の子どもたちへの学習素材の提供は、災害体験が引き継がれ、いわゆる「風化」を防ぎ、防災意識の高い社会を持続する原動力になります。紙芝居や絵本を使って学習する年少の子どもたちからすると、身近なお兄さん、お姉さんの作品での学習によって、防災がより身近なものになります。

被災者が紙芝居や絵本をつくると、制作過程で自分の災害体験と向き合い、心の中で体験を整理していく手助けになります。

4　地域との連携を生む防災教育

防災にとりくむ珍しい生徒から頼られる生徒へ

舞子高校環境防災科の生徒たちは防災関係者からよくほめられました。防災教育チャレンジプランや、安全・安心まちづくりワークショップなどの防災教育、防災活動のイベントに参加すると、防災の専門家から過分のほめ言葉をいただきました。生徒たちはそれほど深く考えて発言していたわけでも、素晴らしい実践を報告していたわけでもないのですが、その希少価値がものを言うのか、とにかくほめられました。

多摩川に現れたアザラシ「タマちゃん」のようです。その頃、生徒たちに、「自分たちはタマちゃんだ。うぬぼれてはいけない。北海道に行くと、アザラシはいくらでもいて、マスコミも名前を付けて追いかけるような愚かな取材はしない。防災の世界も、タマちゃんで居続けるのではなく、北海道のアザラシのようにどこにでもいる存在にならなければならない。あちこちの学校で防災教育が行われ、マスコミが舞子高校には見向きもしなくなる時代こそ必要だ」と、よく話していました。

その舞子高校環境防災科の生徒は、発足当時（二〇〇二年スタート）から地域の防災福祉コミュニティが行う防災訓練に参加してきました。防災福祉コミュニティは、阪神・淡路大震災の後、神戸市が小学校単位で作った自主防災組織です。防災訓練などの防災だけに特化するのではなく、福祉面の活動を主とする「ふれあいのまちづくり協議会」とも連携して活動しています。

一緒に活動を始めた頃は、防災福祉コミュニティの役員が考えた計画に従って、子どもたちと一緒に消火器の使用訓練、担架づくりと搬送訓練などに参加するだけでしたが、それでも、元気に活動する高校生を見て、地域の方々の評価が徐々に変わってきました。

しばらくすると、地域の人々から訓練の計画を頼まれるようになりました。また、訓練だけではなく、ふれあいのまちづくり協議会との連携で、夏休みには子どもたちを対象とした地域クイズラリーを実施したり、地域の行事である夏祭り・盆踊りや秋の防災運動会に参加したりと、活動の幅が広がっていきました。

単なる参加者であった高校生が、地域から頼られる存在となっていったのです。この流れは、各地で行われている地域と連携した防災教育の源流であったと言ってもいいでしょう。

被災地の小学校と地域のいい関係

東日本大震災の被災地、岩手県宮古市にある鍬ケ崎《くわがさき》小学校は、浄土ヶ浜で有名な竜神崎の付け根にあります。この鍬ケ先地域は堤防がない町として有名で、過去の津波被害の体験から住民の防災意識は高かったようです。鍬ケ崎小学校は、東日本大震災の前、二〇〇四年(平成一六年)から津波防災の指定校となり、防災の学習を開始しています。二〇〇六年(平成一八年)の卒業生は、在校中に「津波防災カルタ〜しおかぜ」を作成しました。成果物を作る中で学んでいく防災学習の良い事例だと思います。

鍬ケ崎小学校は、総合的な学習の時間のテーマを「海」とし、県立科学館や市の水産課、振興センター、地元の漁師などの地域資源を活用して学習を進めてきました。ホタテの養殖にもとりくみました。まさに海と生きる地域です。もちろん、津波からの避難を念頭に置いた避難マップも作っています。

東日本大震災の後、総合的な学習の時間では、「今、できること・今しかできないこと・今だからできること」をテーマに、やはり海と関わる学習を再開させました。また、大震災から学ぶ教育も始め、子どもたちが、津波の証言者である地域の方々にインタビューをし、津波から身を守る五つの提言を考え、公表しています。

「地震がきたら迷わず高台に逃げるべし」
「命を優先し、何があっても戻らぬべし」
「助け合い、人とのつながりを大切にするべし」
「万一に備え、防災グッズを準備しておくべし」

「未来に向かって一歩一歩進むべし」

地域住民の復興に向けた思いを聞き取り、劇をつくりました。鍬ケ崎の輝いている人、がんばっている人を取り上げた劇「輝こう鍬ケ崎」は、子どもたちが学習発表会で演じ、多くの保護者、地域住民に観てもらったそうです。大人たちからは「子どもが住みやすく、安心して暮らせる鍬ケ崎にしていく意欲が湧いてきた。ありがとう」といった感激の声が寄せられました。劇中の言葉を紹介します。

「わたしたちは真っ白な地図を受け取った　この真っ白な地図に輝く未来の鍬ケ崎を創っていきたい　そして宝物のように輝く人になりたい」

地域とのつながりを大切にした鍬ケ崎小学校の防災教育を通して、地域の人々が日常的に子どもたちに声をかけるようになり、子どもたちは自分を大切にするようになったそうです。

子どもたちと地域とのつながりを大切にした防災教育が生み出した大きな成果といえるでしょう。

未災地の中学校と地域のいい関係

遠くない将来、南海地震が発生し大きな被害を受けるだろうと予想されている徳島県にある、徳島市津田中学校は、二〇〇五年（平成一七年）に防災教育をスタートさせました。テーマは「つながり」、目標は「継続と進化」です。

地域とつながる活動では、地域住民の防災意識調査と整理、提言発表、非常食を通した高齢者との連携、年少の子どもたちへの防災出前授業、地域津波防災訓練への主催者の一員としての参加、祭りでのクイズ大会などにとりくんできました。

地域に貢献するこのような活動は、年間の授業計画に組み込まれているもので、高齢者のお宅を訪問し、家具の転倒防止を手伝ったこともあるそうです。

町内の家庭を訪問して聞き取った要望を、県知事と市の危機管理室に届けたこともあります。生徒たちはデータをもとに説得力のある提言をしたそうです。

東日本大震災の後には、町内の自主防災会、コミュニティ協議会、徳島市、徳島大学と一緒に「津波避難支援マップ」をつくりました。そのマップを町内に掲示して、いつでも、だれでも見ることができるようにしています。

災害が起こる前に復興計画を協議しておくために「事前復興まちづくり」の活動も行っています。地域住民が見やすいように平面図、立面図、ジオラマにして展示し、住民の意見を聞きながら毎年、改訂しています。

阪神・淡路大震災の追悼イベントも行い、神戸から持ち帰った希望の灯りを点灯して、震災を考えました。水害の被災地でボランティア活動をしたり、東日本大震災の被災地を支援するための募金活動を行ったりもしています。

地域住民は、津田中学校の生徒たちの活動が地域の防災意識を高めていることに感謝し、その感謝がジュースやアイスクリームになって中学生に届けられているそうです。地域と中学生のとてもいい関係が想像できます。

ほめられること、頼られることと自己肯定感

東日本大震災の被災地にある鍬ケ崎小学校と、今は未災地だけれども、遠くない将来確実に被災する地域にある津田中学校の防災教育を紹介しました。

この二つの学校を選んだのは、もちろん、そのとりくみが全国的に見てもトップクラスの素晴らしさを持っているからですが(両校とも兵庫県と毎日新聞社が主催する「防災未来賞ぼうさい甲子園」で素晴らしい賞をとっています)、他に肩を並べる実践がないというわけではありません。日本全国には子どもたちが地域と関わったり、防災を福祉や環境の課題と連携させたり、子どもたちの主体性な活動を引き出したりしている実践事例がたくさんあります。ここで詳しく紹介した両校は、優れた実践事例が持つ特徴を理解しやすいので選ばれたのだと思ってください。

近年、子どもたちの自己肯定感の低さが問題視されています。

例えば文部科学省は、第九〇回中央教育審議会で配布した「教育再生の実現に向けて」(平成二六年三月二八日)という資料の中で、財団法人一ツ橋文芸教育振興会と財団法人日本青少年研究

所が出した「高校生の生活意識と留学に関する調査報告書」（二〇一二年四月）の統計を取り上げ、「子どもの自己肯定感の低さ」を「我が国の危機的状況」として紹介しています。日本の高校生は、「『自分を価値ある人間だ』という自尊心を持っている割合が米中韓の半分以下」という文科省の言を待つまでもなく、子どもたちの自己肯定感の低さは、各方面の強い関心を引いているようです。

防災教育では、この自己肯定感が大切なキーワードです。そして、ここでは、その低さを指摘して嘆くのではなく、防災教育が子どもたちの自己肯定感を高める力を持っている事実を指摘しておきます。

先に挙げた津田中学校の実践は、未災地の子どもたちが、いつか自分たちの地域を襲うはずの津波災害を想定して、備えの防災活動を展開するものです。実践の過程で子どもたちは様々な地域貢献を行い、その結果、地域住民から頼りになる存在として認知されています。

子どもたちが地域から頼られているという事実は、自己肯定感を高める観点から、極めて重要です。自分たちが地域に貢献できる存在であると実感した子どもたちは、自分という存在を肯定的にとらえ、社会の一員として社会に能動的に関わりながら生きていこうとするのではないでしょうか。

鍬ケ崎小学校の事例はどうでしょうか。未曽有の被害をもたらした大災害を前にして、子どもたちは、ともすれば人間の力のちっぽけさを痛感しているかもしれません。そんな子どもたちが、防災教育を通して地域に認められ、地域の一員としてのアイデンティティを確立していくのです。

これが「**防災教育力**」の正体の一つであると私は考えています。

5 「価値の存在を教える教育」と「価値を発見させ、すとんと飲み込ませる教育」

三種類の防災教育

防災教育は三つに分類できます。

一つ目は「**命を守るための防災教育**」です。

この教育では、災害への備えや災害発生前の避難、発生直後における身の安全の図り方と適切な避難方法を教えます。全国の学校で行われている防災教育のほとんどがこれです。非常持ち出し袋の準備、地域安全マップや家庭内・学校内の安全マップの作成などの備えに関わる実践や、とっさに身の安全を図る訓練、避難訓練、防災訓練などの災害対応訓練がよく行われています。

二つ目は、阪神・淡路大震災の後、子どもたちの心と行動に現れた変化の理由を理解し、適切に対応するための教育です。「**心のケアと防災教育**」と呼べばいいのでしょうか。

心のケアには、臨床心理士やカウンセラーが子どもたちと直接面談する方法があります。しかし、日常的に子どもたちと接しているのは、子どもたちの傍らにいる教職員です。「心のケアと防災教育」には、専門家の助言を得た教職員が子どもたちと個別に面談したり、日常的に行っている教室の内外での教育活動で子どもたちが安心できる雰囲気を作って防災を学ばせたりしながら、ケアにとりくんでいく方法があります。

阪神・淡路大震災以降、新潟県中越地震や東日本大震災などの災害でも、心のケアをテーマにした教職員研修やスクールカウンセラーの長期派遣が行われています。「心のケアと防災教育」は、度重なる災害を経てより組織的、機能的に進化し、継続的に行われるようになってきています。

三つ目は、災害で失われた命の尊さや、災害時の助け合いや思いやりなどの、人間のもつ価値を学ばせる教育です。

兵庫県では、従来の防災教育とは一線を画すという意味合いを込めて「新たな防災教育」と呼んできましたが、「新たな」という形容詞では内容をイメージしにくいかもしれません。より理解しやすい表現として「**災害体験から学ぶ防災教育**」がふさわしいと私は考えています。

この教育には一つだけ注意すべきことがあります。

命の大切さや思いやり、助け合いの素晴らしさといった価値の押し付けになってはならないのです。極端な例を挙げれば、テストで「命が大切だと思う人は○を付けなさい」という問題を出せば、全員が○を付けるでしょう。しかしそれは、命が大切だという価値の存在を認識しているに過ぎません。私はこれを「**価値の存在を教える教育**」と呼んでいます。

防災教育で命の大切さや思いやりの素晴らしさなどの、人が持つ価値を教えるときは、その価値の存在に子どもたちが気付き、納得するような体験が必要です。私はこれを「**価値を発見させ、すとんと飲み込ませる教育**」と考えています。

防災教育は、様々な災害体験を通してこのような価値と向き合い、考えさせていく教育でもあるのです。

アサガオとポプラ

兵庫県の実践事例を紹介します。

阪神・淡路大震災で八人の児童が犠牲となった芦屋市立精道小学校では、二〇〇三年以降、子どもたちが震災の調べ学習にとりくんできました。自分たちで震災の状況を調べたり、実際に被災した方々の話を聞いたりします。家族を亡くした辛い話を聞くこともありました。

子どもたちは震災学習にとりくみながら、アサガオを育てています。震災の時、五歳で亡くなった米津深理《よねづみり》ちゃんが育てていたアサガオです。子どもたちは、当番で水をやりながら、亡くなった子どもに思いを寄せます。そうやって、命の重みに自然と気持ちを向けていくのです。

震災の記念日の前に行う「震災を語り継ぐ会」では、六年生が調べたことや学んだこと、考えたことを下級生に教えます。また、「みりちゃんのたね」という紙芝居を朗読します。

そして一月一七日、追悼集会を迎えるのです。

同じ兵庫県内に、水害で大きな被害を受けた豊岡市立新田小学校があります。

二〇〇四年秋、台風一八号で校庭のポプラの木が倒れました。樹齢五〇年、二〇メートルの高さの大木です。安全に配慮して、輪切りにして根株だけを置いていましたが、この株は、次の台風二三号による大水害で流れ出してしまいました。

探すと、その、二トンもある大人の背丈よりも高いポプラの切り株が、学校から二・五キロも離れた田んぼの中にすっくとたっていました。その株が、雪の冬を越し、春になると芽吹いたのです。子どもたちは台風に倒されても、切り刻まれても、水害で流されても、雪に埋もれても負けなかったポプラの命の強さに驚き、このポプラを主人公にした「プラポン」という絵本を作りました。ポプラを巨大なプラポンというキャラクターにし、校門に置きました。子どもたちは、毎朝、登校時にプラポンにあいさつをし、水害に思いをはせ、防災の大切さを再確認していくのです。

水害の一年後、子どもたちの提案で「新田 Thanks Giving Day」を開きました。水害でお世話になった関係者を招き、歌、防災学習の発表、炊き出しなどの多彩な催しで感謝を伝え、台風の恐ろしさ、備えの大切さ、ボランティアなどの支援について、次の学年に伝えていく決心をしました。

この二つの防災教育には、後日談があります。精道小学校と新田小学校は兵庫県と毎日新聞が主催する「防災未来賞ぼうさい甲子園」でともに賞をとり、他の多くの受賞校も集う交流会で、アサガオの種とポプラの挿し木の苗を交換しました。新田小学校は、絵本プラポンの続編「プラポンのともだち」を作り、深理ちゃんのアサガオとの交流を描いています。両校の活動は今も続いています。

紹介した実践事例のテーマは、命の大切さや助け合い、思いやり、感謝、そして災害に負けない強さなどの価値です。しかもそれを存在する価値として教えるのではなく、子どもたちがアサガオやポプラ(プラポン)といった象徴を通して実感しています。「価値の存在を教える教育」ではなく、「価値を発見させ、すとんと飲み込ませる教育」なのです。そして、これらの大切な価値は、象徴の存在があってこそ、後世に語り継がれていくのです。

兵庫県で行われてきた「新たな防災教育」つまり「災害体験から学ぶ防災教育」の真髄がここにあります。

美しい言葉と現実のギャップ

災害を通して人としてのあり方を考えさせる教育では、美しい言葉がよく使われます。「がんばろう」という言葉は支援の代名詞として多用されています。ところが、本当に辛い体験をし、それから一生懸命がんばってきた人に、「がんばれ」と声をかけることは、場合によっては、あなたはがんばっていない、とか、これからも同じ苦しみを味わいなさいという意味に解釈されることがあります。がんばろうが人を追い込むのです。

宮城県高等学校文芸作品コンクールの詩部門で最優秀賞をとった「潮の匂いは。」という詩があります。ネットでも紹介されているので、ぜひご一読ください。

その詩は、絆とか、がんばれとか、未来とかいう言葉を被災地に送ることが、被災地の人から見れば、自分たちのことは自分たちでやりなさいと、やんわりと切って捨てられているような気になると訴えています。未災者が善意で考えていることが、被災者にとって必ずしもありがたい言葉ではないことに気付かされます。

こういった言葉は日本中に氾濫しています。

「災害で姉を失った。私の命は生かされている命。だから毎日を大切に生きたい」

「災害で突然友だちが亡くなった。けんかをしていたのにごめんなさいが言えなかった。そのことを悔やんでいる。だから、これからは悔いを残さないように、毎日を大切に生きたい」

全部、美しい言葉です。

しかし、この言葉を、災害を知らない高校生が使うと、私は違和感を持ちます。その言葉を初めて使った人の体験や辛さが本当にわかって言っているのでしょうか。その体験をした人が、その言葉にたどり着くまでにどれだけの地獄を見てきたかに、少しでも気持ちを向けてその言葉を使っているのでしょうか。ただ言葉の美しさに心を動かされて、深く考えずに使っているだけではないのでしょうか。

若者が、災害で明日死ぬかもしれないから、今日を大切に生きたいと言うとき、私はいつも暗い気持ちになります。若者が、死ぬことを前提で明日を考えなくてもいいではないかと反発する心があります。若者なら、明日を楽しく生きるために、今日を楽しく生きたいと言えばいいと思います。

もちろん、被災者は、つらい体験のトンネルを抜けた先でその言葉にたどり着き、口にしたのです。私には到底言えない言葉です。私はただ黙って聞き、尊敬するしかできません。でも、被災体験のない若者が、その言葉を口にすると、つい、疑問符が頭に浮かんでしまうのです。

命の大切さを考える防災教育が、陳腐な道徳教育になってしまっている気がするのです。

6　文部科学省、兵庫県教育委員会が考える防災教育

さて、最後に、教育行政が防災教育をどのようにとらえているかを考察してみましょう。

「生きる力」と防災教育

文部科学省も防災教育を広い視点でとらえているようです。以下は、学校防災のための参考資料「『生きる力』を育む防災教育の展開」(平成二五年三月文部科学省)の中で述べられている防災教育の三つのねらいです。

ア　自然災害等の現状、原因及び減災等について理解を深め、現在及び将来に直面する災害に対して、的確な思考・判断に基づく適切な意志決定や行動選択ができるようにする。

イ　地震、台風の発生等に伴う危険を理解・予測し、自らの安全を確保するための行動ができるようにするとともに、日常的な備えができるようにする。

ウ　自他の生命を尊重し、安全で安心な社会づくりの重要性を認識して、学校、家庭及び地域社会の安全活動に進んで参加・協力し、貢献できるようにする。

ここで述べられている内容は、災害時に身の安全を図るための知識や技能の獲得という市民感覚的な防災教育の範疇を超え、守備範囲をもっと広げるものといえるでしょう。

災害に立ち向かうためには、当然、災害の知識が必要ですが、獲得した知識は使われなければ意味がありません。知識は頭の中に貯めこむものではなく、テストでいい点を取るために存在するものでもなく、頭の中から引っ張り出して使われてこそ意味を持つものなのです。子どもたちが、獲得した知識を使って考え、的確な判断を下し、より良い行動をすることができる能力こそ、防災教育で育むべき力なのです。

『「生きる力」を育む防災教育の展開』は、安全は他者から与えられるものではなく、日常の備えを通して自ら確保するものであることも指摘しています。阪神・淡路大震災の後、急速に広がった自助の精神がここにあります。

ただ、自助を強調するあまり、自らの命を自ら守ることが困難な人々の存在を忘れてしまってはなりません。幼い子どもたち、障害を持った人々、高齢者、病人など、日常的に他者の支援が必要な人々が、災害時には常に弱い立場に置かれてしまいます。その人たちへの支援や配慮をいつでも差し伸べることができる人間の育成も、防災教育のねらいにしなければなりません。

防災教育の底流には命があります。ここで防災教育は、災害に対応するノウハウ教育から命の教育へと大きく踏み込むことになるのです。

生きる力を育む防災教育の最終目標は、社会参加、社会協力、社会貢献です。「『生きる力』を育む防災教育の展開」を読むと、防災教育が、知識と技能、災害時にとるべき行動様式の獲得にとどまるのではなく、市民としての生き方、あり方の探求へと向かっていることがわかります。

実は、ここに防災教育の教科化のヒントがあるのです。

文部科学省の考え方は、阪神・淡路大震災の直後に兵庫県教育委員会が打ち出した方針をそのまま受け継いだものといえるでしょう。

兵庫県教育委員会は、学校避難所の運営の困難さや子どもたちの心の変化、教育の混乱に直面し、震災直後の四月には防災教育に関する検討委員会を発足させ、防災教育の体系化を図りました。柱は、学校の防災体制、学校の再開および今後の防災教育、被災児童・生徒の心のケアの三つです。これが、その後の文部科学省の考え方の基本となり、全国にも広がっていったのです。

震災はできればあってほしくないものですが、実際に起こってしまえば貴重な体験だともいえます。いや、貴重な体験に変えていくエネルギーを私たちは持っているといったほうが適切なのかもしれません。兵庫県の教育関係者は、震災体験を活かした教育を進めるべきだと考え、自然の驚異(恐怖と恩恵といってもいい)と命の尊さを伝え、人間としてのあり方や生き方を考えさせる教育を創造していったのです。

防災管理と防災教育

文部科学省は東日本大震災が発生した直後の六月から「東日本大震災を受けた防災教育・防災管理等に関する有識者会議」で防災教育と防災管理のあり方について検討を開始しています。私は委員の一人として会議に参加しましたが、東日本大震災の直後の会議であり、大津波が引き起こした悲惨な事実が明るみに出される中、とても緊張していたことを覚えています。

防災管理とは、災害発生時に、学校にいる子どもたちの命、安全を守るために、学校がとりくむべき活動だといえるでしょう。建物や非構造物の耐震化、学校防災マニュアルの整備を進め、地域、保護者と連携した防災訓練を繰り返すことで、学校で、子どもたちの命と安全を守るのです。

一方、子どもたちはいつも学校にいて、いつも学校が守ってくれるわけではありません。阪神・淡路大震災は子どもたちがまだ寝ていた早朝に起こりました。新潟県中越地震は夕方に、能登半島地震や岩手・宮城内陸地震は休日に発生しています。東日本大震災の発生時刻は午後二時四六分でした。学校にいた子どもたちもいれば、すでに下校していた子どもたち、下校途中の子どもたちもいました。災害時には、大人がいつも子どもたちのそばにいるとは限らないのです。

だから、教師や大人のいない場所で、子どもたち自らが災害の危険を理解・予測し、自らの安全を確保するための行動ができるようになる必要があります。それが防災教育の目標の一つです。

防災管理と防災教育が両輪のように相互機能しあってこそ、子どもたちの安全は守られます。「東日本大震災を受けた防災教育・防災管理等に関する有識者会議」は防災管理と防災教育の両方の視点から検討を重ね、子どもたちの発達段階に応じて、以下のような提言を行いました。

幼稚園段階

危険な場所や事物などがわかり、災害などの緊急時に、教職員や保護者の指示を受けて、落ち着いて素早く行動できるようにする。

小学校段階

低学年では、教職員や保護者など近くの大人の指示に従うなど適切な行動ができるようにする。中学年では、災害の時に起こる様々な危険について知り、自ら安全な行動ができるようにする。高学年では、日常生活の様々な場面で発生する災害の危険を理解し、安全な行動ができるようにするとともに、自分の安全だけでなく、他の人々の安全にも気配りができるようにする。

中学校段階

地域の過去の災害や他の地域の災害例から危険を理解し、災害への日常の備えや的確な避難行動ができるようにする。また、学校、地域の防災や災害時のボランティア活動の大切さについて理解を深めるようにする。

高等学校段階

自らの安全の確保はもとより、友人や家族、地域社会の人々の安全にも貢献しようとする態度等を身に付ける。また、社会における自らの役割を自覚し、地域の防災活動や災害時のボランティア活動にも積極的に参加できるようにする。

特別支援学校等における障害のある児童生徒等

障害の状態、発達の段階、特性等及び地域の実態等に応じて、自ら危険な場所や状況を予測・回避したり、必要な場合には援助を求めたりすることができるようにする。

一読して、発達段階があがるにつれて、防災教育の守備範囲が災害直後の対応から備えへとシフトしていっているのがわかります。安全確保の視点が、自分自身から隣人、地域や社会へと広がっているのがわかります。さらに、学習項目が災害と防災に固有の内容から、社会参加、社会貢献の分野の学習まで広がっているのがわかります。

教育行政が考える防災教育も、度重なる災害の教訓を受け、大きく変化しているのです。

7　防災教育のパーツづくり

これまで見てきたように、防災教育には様々な要素が複雑に関わっています。そのことが、防災教育の体系化を難しくしているのでしょう。防災教育を広げるためには思い切ってシンプルに考えたほうがいいのかもしれません。

本書では、できるだけ複雑な記述を避け(そんな力もありません)、「命を守るための防災教育」「心のケアと防災教育」「災害体験から学ぶ防災教育」のように三つに分類したり、「価値の存在を教える教育」と「価値を発見させ、すとんと飲み込ませる教育」のように対比させたりしながら、防災教育の体系化を試みるつもりです。

私一人で防災教育という巨大なロボットを組み立てることはできません。私のこれまでの経験から考えたことをもとにして、腕や頭や胴体や足といったパーツを試みとして組み立ててみます。各部分をより機能的に働くように改良したり全体をバランスよく組み上げたりする作業は、防災教育に関わる専門家や教職員に残された最大の課題です。その大変さと面白さは、皆さんの今後のハードワークに委ねたいと思います。

2章

防災教育はなぜ広がらないのか

1　防災教育が広がらない理由

日本は災害大国

東日本大震災や阪神・淡路大震災のような、国内のみならず世界中の人々の関心を集める巨大災害や局地的ではあるけれども大きな爪痕を残した地震災害、各地で頻発する水害や土砂災害、雲仙普賢岳や有珠山、御嶽山の噴火災害などのニュースに接するたびに、私たちが災害大国に住んでいるという事実を再認識させられます。頻発する災害は、私たちに防災教育の大切さを痛感させるのですが、その防災教育は、未災地では、研究指定校や熱心な先生が勤務する学校ではとりくまれているものの、それ以外の学校にはあまり広がっていないのが実情です。

もちろん、防災教育をどう定義するかによって、防災教育の広がりを示す数字は違ってくるでしょう。火災を想定した避難訓練を実施すれば防災教育にとりくんだことになると考えれば、防災教育の実施率は一〇〇パーセントになるはずです。地震や水害などを引き起こす自然現象を科学的に理解し、それに対する具体的な備えや発生時の対応を学ぶことが防災教育だと考えれば、その数字は下がるでしょう。東日本大震災や阪神・淡路大震災の被災地で行われているような、命の大切さを見つめ直す教育や心のケアも防災教育に含めるとなると、その数字はもっと下がるでしょう。

防災教育が大切だという認識はほとんどの教職員が持っているはずです。にもかかわらず、実際の防災の学習は避難訓練止まりになっているようです。なぜでしょうか。

その理由は三つあると私は考えています。それらを簡単に説明し、私なりの解決策を提案してみます。

自然災害の発生スパンと安全性バイアス

自然災害は毎年、同じ時期に、同じ場所で、同じような規模で発生するわけではありません。災害が発生するたびに、一〇年に一回の水害や一〇〇年の一回の津波、一〇〇〇年に一回の大地震などの表現を耳にしますが、災害の発生は、私たちの人生と比べるとそれだけ長いスパンを持っています。私たちが、自分が生きている間に災害に遭遇することはないだろうと考えてしまうのは、仕方がないのかもしれません。

近年、防災関係者が「安全性バイアス」という言葉をよく使います。「自分は災害には遭わない」とか「万一災害に遭ったとしても、自分だけは助かる」といった根拠のない安心感を指すようです。安全性バイアスがあるから、災害への危機感が薄れ、その結果、防災教育が広がらないという指摘もあります。

しかし、安全性バイアスは必要だと私は考えています。

もし私たちが、明日災害が起こって自分や家族が死ぬかもしれないと怯えながら暮らすとしたらどうでしょうか。道路を歩いていて、車が突っ込んでくるかもしれないと心配しながら歩き続ける、夜中にだれかが強盗に入ってくる、後ろからいきなり殴りかかられる……、そんなことをいつも思っていては、私たちの心は疲れ果ててしまいます。

安全性バイアスは、私たちの心が必要以上に疲れないように守ってくれる安全弁のような機能を持っているとは考えられないでしょうか。

もちろん、だからといって、災害に対して能天気であっていいわけではありません。災害多発国日本に暮らす以上、やはり、自然へのアンテナは高く上げておきたいものです。災害の怖さを徹底して教えることで安全性バイアスを取り除くのではなく、安全性バイアスという機能があることを知って、それとうまく付き合っていけばいいのです。

教材と教育法の不在

教師は、すでに準備された教科書と指導書を使って授業をつくる作業に慣れ切っています。教科教育法の世界には、「教科書を教える」のではなく「教科書で教える」という表現があります。私も学生時代によく聞かされました。これは、教科書に書かれていることをそのまま生徒に教え込む教師が多く存在していたからこそ生まれた言葉ではないでしょうか。「教科書で」というのは、教科書はあくまでも素材であって、その素材をきちんと調理してから生徒に提供すべきだという教えだと思います。

なるほど、教科書の棒読みや、プリントの空欄に教科書に書かれている重要語句を入れていくだけの勉強法では、生徒のモチベーションは上がりません。生徒に、その教科の楽しさと深さを教えるためには、教科書を素材とし、それ以外の材料も集めて授業をつくっていく力量が教師に求められているのです。

ただ、辛口に言えば、「教科書を教える」のではなく「教科書で教える」という指摘も、結局は教科書の存在を前提にしています。ほとんどの教師は、教科書がない世界を想像したことがないのです。教科書がなければ何もできないと思い込んでいるのです。

教師が教科書を使った一時間の授業を設計するとき、その授業者の個性や興味によって多少の多様性はあるものの、おおよそ復習、導入、理解・展開、定着といったサイクルに沿って設計していきます。そしてその作業は、教科教育法で学んだ手順や、先輩から聞いた方法、研修会で仕入れた素晴らしい先例、評価が定着した先例に倣うといった手法で行われることがほとんどです。

極言すれば、教師とは、教科書とマニュアルがなければ、何もできない人々なのです。

防災教育にとりくまなければならない状況にたまたま陥ってしまった多くの教師が、教科書がなく、先例もほとんどないことを嘆きます。具体的な指導内容と指導方法、教材を探して、先駆者に助言を求めます。本当は優れた先例がたくさんあり、面白い指導方法も存在するのだけれど、それには気付かずに、防災教育の授業は自分には不可能だと考えてしまいます。防災教育は、とりくまなければならない立場に突然立たされてしまった人にとって、単なる苦行になってしまうのです。

受験至上主義の弊害

防災教育が広がらない三つ目の理由は、教育の目的が、戦後七〇年間一貫して、大学へ入ること、それもできるだけ偏差値の高い大学の入試に合格することに置かれてきたという事実です。終身雇用や年功序列型賃金が保障されていた時代、いい大学に入ればいい企業に就職でき、一生安泰で暮らせた時代が終わり、いい大学を出ても納得できる就職ができない現代になっても、この神話は生きています。学校教育の究極の目標は、いまだに受験能力の育成に置かれてしまっているのです。

文部科学省は、「育成すべき資質・能力を踏まえた教育目標・内容と評価の在り方に関する検討会」を設置し、学校教育が目指すべき教育を検討してきました。そこでは、「自立した人格をもつ人間として、他者と協働しながら、新しい価値を創造する力を育成」することを目指して、

「主体性・自律性に関わる力」「対人関係能力」「課題解決力」「学びに向かう力」「情報活用能力」「グローバル化に対応する力」「持続可能な社会づくりに関わる実践力」などを重視することが必要であると指摘しています。また、受け身でなく、主体性を持って学ぶ力を育てることが重要であり、リーダーシップ、企画力・創造力、意欲や志なども重視すべきであること、人としての思いやりや優しさ、感性などの人間性も重要であることを取りまとめています。

文科省からこういった考えが出てくるのは、受験学力偏重の教育がもたらしてきた弊害への反省であると考えられますが、文科省が使っているこれらの表現はそのまま防災教育の目的と見事に一致します。

しかし、学校現場で勢力を保っているのは、今でも受験のためのカリキュラムづくりであり、受験学力の育成です。そんな雰囲気の学校現場に防災教育を持ち込もうとすると、英語や数学の時間が減って受験学力が低下するという反対の大合唱です。命は大切だ、命を守る防災教育は必要だと言葉では理解できても、実際に防災教育の時間を確保しようとすると、受験科目の時間だけは削られたくないという教師の大反対にあいます。そしてその考えは、教師だけが固執しているものではなく、生徒、保護者、社会によって後押しされているのです。

2　三つの理由への私案的解決策

解決策はすでにある

防災教育の広がりを阻害する要因として、災害が発生するスパンの長さと教材、教育法の不在を挙げました。実はこれら二つの課題にはすでに解決策があります。特に、教材や教育法はうまく検索するといくらでも参考材料を見つけることができるのですが、どうやら、防災教育に熱心にとりくんでいる関係者には宝の山であるその存在が、これから防災教育にとりくもうという教職員、つまりこれまではその世界に全く関わってこなかった人には、なかなか見えてこないようです。

三つ目の弊害、つまり受験制度については、国を挙げての検討と変革が必要です。このまま放置しておくべきではありません。今の受験中心主義がもたらす弊害と、防災教育がもたらす利点を合わせて考えると、早急かつ抜本的な変革が必要であり、それは実施可能だと考えます。

以下、三つの課題への解決策を提案します。

支援者の視点を持って

まず、自然災害の発生スパンが、私たち人間が持っている時間の尺度と比べると長いという事実についてです。一〇年に一度、五〇年に一度、時には一〇〇年、一〇〇〇年に一度、有史以来といった災害もあります。そんなに長い間起こらないなら、何も備える必要などないではないかと思ってしまいます。しかも、昨今頻繁に指摘されている安全性バイアスという機能が働いて、私たちはますます、自分は災害に遭わない、遭っても助かるという考えにとらわれてしまいます。そしてそれは仕方のないことだと思います。

ここで発想を変えましょう。自分は災害に遭わないけれども、どこかで誰かが災害に遭っているという発想です。

災害後の支援には、救出・救助がありますが、これは、被災地に派遣される救助隊の任務と考えられます。しかし実は、阪神・淡路大震災でも、東日本大震災でも、こういった専門の救助隊が投入されるのは、災害後、しばらくの時間が経過してからであり、直後の混乱の中で、市民を救出・救助するのは、その場に居合わせた市民でした。

被災して住居を失った市民、住居は残っているもののライフラインが途絶え、不安を覚えている市民は、安心感を求めて避難所に身を寄せます。そこでの生活を支援するのは行政、医師、看護師、市民ボランティアなど、支援に関わる人々です。

例えば、一〇〇年に一回の地震災害が、日本の一〇か所で起こると仮定すると、私たちが災害のニュースを耳にするのは一〇年に一回になります。それは、一〇年に一回、支援者となる機会があるということです。実際には、毎年のように大小の災害が発生しています。「災害は忘れたころにやってくる」のではなく、「忘れる間もなくやってくる」というのが実感です。

災害は毎年のように発生するということを念頭に置いて、防災教育の守備範囲を広げるとどうなるでしょう。自分の命を守るための防災教育（Survivor となるための防災教育）から被災者を支援するための防災教育（Supporter となるための防災教育）へと考え方を広げてみてください。災害に関わる機会が格段に増えませんか。この考え方は、章を変えて詳しく説明します。

学校設定科目の活用

教科書と教育法の課題もすでに解決されていると私は考えています。

日本では、教科・科目の授業には教科書を使うことが義務付けられ、その教科書は学習指導要領に則って作成されています。

ところが、状況が変わってきました。学校設定教科・科目という制度を使えば、教科書がなくても授業ができるようになったのです。学校設定教科・科目というのは、簡単に言えば、学習指導要領に定められている教科・科目以外に、その学校の実情に照らし合わせて必要であれば教科・科目を設定することができるという制度です。学習指導要領に載っていない教科・科目ですから、当然、教科書はありません。学校設定科目で使う教材は、授業の実施者である教師の手にゆだねられているのです。

防災教育は学校設定科目で行うことができます。あるいは、多くの学校が行っているように、総合的な学習の時間や特別教育活動の時間を使って行うことも可能です。当然教科書はありません。その状況で、教科書がないからできないと考えるか、教科書がないから自分の思うような教材を作る楽しさがあると考えるか、それはその教師の発想次第です。楽しいと考える教師は、教科書がない、授業方法がないといった言い訳はしません。

防災教育支援プロジェクトの力強い存在

教科書がない、授業方法がないという言葉は、一〇年前なら通用する言い訳かもしれません。防災教育の導入は、優れた実践事例に倣いながら出来合いの教科書で教えることに慣れきっている教師にとっては、重荷以外の何物でもなかったはずです。

「防災教育が大切なのはわかるけど、何をどのようにしていいかわからない」

十数年前ならこんな言い訳も通用したでしょう。でも、今は、その「何」と「どのように」がたくさん蓄積されています。言い訳はできません。

これまでに何度か紹介してきた「**防災未来賞ぼうさい甲子園**」はその一つです。全国の優れた防災教育への顕彰制度ですが、主催者の一つである毎日新聞社や事務局のＮＰＯ法人さくらネットの努力で、参加校の交流やシンポジウムを通じて、ノウハウを広め、記録として残しています。今後の課題は、よりアクセスしやすい形での実践事例の提示だといえるでしょう。

もう一つ、「**防災教育チャレンジプラン**」という優れた防災教育の支援策があります。防災の専門家や行政関係者、学校関係者が実行委員会を組織し、事前に募集した実践希望団体から一年間実践する団体を選び、知恵とお金を支援するプロジェクトです。近年はより参加しやすくするために、入門枠も設けて参加へのハードルを下げています。入門枠で採用されて一年間実践を積み、翌年度には一般枠での実践にステップアップする団体も少なくありません。

防災未来賞ぼうさい甲子園は年一回の表彰式と交流会を行っていますが、防災教育チャレンジプランは交流会を年二回実施します。四月から始まった実践が半ばに差し掛かった一〇月と、年度末です。年度末は表彰式がメインで、次年度に参加する団体の参加もあります。実践の課題や解決策、コツを教えあうことで、よりブラッシュアップされた実践を目指します。

防災教育チャレンジプランの防災教育への最大の貢献は、ホームページの開設かもしれません。いつでも、全国の優れた実践にアプローチすることができるのです。その手法を模倣すれば、誰でもすぐに防災教育を始めることができます。

安全マップの作成という一つの分野の実践に特化すれば、日本損害保険協会などが主催する

「ぼうさい探検隊」の活動も、全国規模の防災教育支援事業といえるでしょう。防災だけではなく、防犯や交通安全などもテーマとしています。マップ作成のノウハウを教えてくれるだけではなく、使用する道具の一部は実施キットとして貸し出してくれます。マニュアルも整備されており、学校だけではなく地域の子ども会などの団体も参加しやすくなっています。実際にまち歩きをするときには研修を受けた大学生がリーダーとして指導します。毎年、「小学生のぼうさい探検隊マップコンクール」があり、発表会と表彰式があります。

応募作品を見ると、防災、防犯、交通安全などのテーマ別にまとめているものだけではなく、バリアフリーや美観情報なども盛り込んだものがあります。防災・防犯・安全というレイヤーに福祉や地域などのレイヤーも重ねた地図は、後に紹介する「防災＋αの防災教育」手法を具体化したものといえるでしょう。

ラッセルとトレース

冬山登山にはラッセルとトレースという発想があります。深い雪で覆われた山を登るとき、先頭に立って体やスコップを使って道を作っていく作業をラッセル、その踏み跡や、踏み跡をたどっていくことをトレースと呼びます。

ラッセルは体力を使います。雪庇《せっぴ》と呼ばれる、稜線や尾根に風によって押し流されて溜まっている雪の庇を踏み抜く危険性もあります。先頭に立つものには常に体力と注意力、判断力が必要です。

トレースは、雪道に残された跡をたどっていくわけですから、比較的安全です。体力の消耗も、ラッセルほどではありません。ただ、新たな積雪で跡がなくなってしまったときに下手に動くと遭難する危険性もあります。場合によっては新たに道を切り開くラッセルの技術が必要となります。

防災教育にも、このラッセルとトレースという考え方を適用することができます。

防災教育の先駆者としてアイデアを出し、様々な防災教育プログラムを作ってきた人々とその作業がラッセルにあたります。

防災未来賞ぼうさい甲子園で賞を獲得してきた学校、防災教育チャレンジプランをリードしてきた実行委員会とそこに参加して多彩な実践事例を残してきた学校や団体、個人、そして全国初の防災専門学科である舞子高校環境防災科も、ラッセルをしてきた側です。

一方、防災未来賞ぼうさい甲子園や防災教育チャレンジプランの先例を真似ながら実践を進めてきた後発団体はトレースする側です。今では、先駆者のラッセルのおかげで、防災教育という山道にはたくさんのトレースができています。これから防災教育の山に登る人は、その足跡を外さずにたどっていけばいいのです。防災教育で何をどうしたらいいかわからないという言い訳は、もはや通用しません。先駆者がたくさんのトレースを残してくれているのですから。

最近、気がついたことがあります。それは、トレースしながらも、ちょっとわき道にそれてラッセルを始める登山者が少なくないという事実です。防災教育にとりくみ始めたときは指定された登山道をたどっていたのだけれど、それだけでは満足できず、あるいはもう少し面白い場所を見つけて、ちょっと横にそれてラッセルを始める学校や団体が増えてきたのです。トレースが枝分かれして、小さなラッセルが始まり出しているのです。

新たな道を作ろうとしている人々は、教育内容を創造していく楽しさに気付いたのかもしれません。実は、この気付きは、ある種の教育活動の内容を深め、とりくむ人を増やしていくためには重要な転換となるのです。

学力の樹

私は、受験至上主義的な考え方に対して二つの解決策を用意しています。

一つは、「学力の樹」という考え方です。これは、大阪大学人間科学部の志水宏吉《しみずこうきち》教授が『学力を育てる』(岩波新書)の中で紹介している考え方です。学力を一本の木に見立てて説明しています。

葉は知識と技能で、総体として力を発揮します。しかし、秋に(時には春にも)葉を落とすように、私たちが獲得した知識や技能も、使わないと忘れ去られていきます。例えば、高校時代に理解できていたはずの三角関数や微分、積分も使わなければそっくり忘れてしまうことを思えば、このことは理解できるでしょう。葉は、剥落する学力なのです。

ところが、春になると新しい芽が出てきて、若葉が茂っていくように、私たちは、古いものを忘れながら、新しいものを獲得していきます。知識や技能はこのように更新していくものなのです。

幹は思考力、判断力、表現力と説明されています。情報を集め、考え、討論し、結論を導き出し、そしてそれを行動に表すのです。葉が光合成で作り出した養分、つまり知識や技能を実生活の中で使いながら、成功体験から学び、失敗し、試行錯誤する中で形成されていくものです。そして、幹は葉のように季節の変わり目に更新したりしません。一度獲得された力は、保持されていくのです。

根は意欲、関心、態度です。根がしっかりと大地に食い込んで木を支え、養分を吸い上げるように、子どもたちの意欲や関心が学習へと向かい、葉や幹の活動を支えるのです。

防災教育の葉、幹、根

学力の樹のイメージを防災教育に当てはめてみましょう。

葉は防災の知識と技能です。災害を引き起こす自然現象の科学的理解、災害に備える方法、災害発生時の身の守り方、避難所生活の方法、復旧・復興期の支援など、災害のライフサイクル(3章参照)に沿って、学んでおくべき知識や技能はたくさんあります。

例えば、地震が発生するメカニズムを知って、どのように備えれば被害を軽減できるかを知っていれば、地震をむやみに恐れることはありません。落ち着いて対処することができるでしょう。復旧や復興の過程でどのような支援が必要かを過去の災害の体験から具体的に知っていれば、より良い支援者となることができるでしょう。災害に弱い社会と強い社会の違いを生み出す要因を学んでおけば、防災力の高い社会の構築に貢献できるかもしれません。

幹は災害対応力といえるでしょう。被災した時に、情報を集め、対応を話し合い、結論を導き出して納得し、そしてそれを行動として表す力のことです。

災害時の混乱の中では情報収集には工夫が必要です。

停電していたら、テレビが使えないかもしれません。東日本大震災では、地震発生直後からテレビが特集番組を流していました。アナウンサーが「津波が来るから海岸から離れてください」と繰り返し警告していました。しかし、私は少し暗い気持ちでこの話を聞いていました。被災地は間違いなく停電しているはずです。被災者がテレビを見ることはないでしょう。いくらテレビで警告しても、被災者には届かないと思ったのです。

後日、実際に被災者に会って話を聞くと、私の認識が間違っていたことを教えられました。何人もの被災者が、テレビの「逃げろ」という警告、大津波が襲ってきているという映像で、慌てて逃げたと言うのです。スマートフォンでワンセグテレビを見て、情報を得ていたのです。

電話が輻輳し、なかなかつながらないことも考えられます。阪神・淡路大震災の時は、固定電話がほとんど使えなかった一方、十円玉を使う公衆電話が使えるとか、携帯電話がつながりやすいという情報も、被災者の間に広がりました。しかし、今、公衆電話を探すのは至難の業です。携帯電話は、当時は珍しかったので、回線に大きな余裕があったそうですが、いまや回線はほぼ満員状態です。逆に、携帯電話、スマートフォンがつながりにくくなるかもしれません。

災害発生直後の混乱の中で、どのような方法で、どんな情報を収集し、どの情報を信じるか、非常に難しい課題です。

直面している困難の解決を図る過程でも、課題がたくさんあります。ある人にとって都合のいい解決策が、別の人にとっては不都合な解決策であることはよくあります。

例えば、避難所に、避難者数より少ない食料が届けられたとしましょう。どう分配するか、いろいろな考え方が予想されます。

高齢者や病気の人、子どもたちなどから配るべきだという考えがあるでしょう。実際、教室で子どもたちにこの質問を投げかけると、回答の多くが、高齢者や病人、子どもなど、いわゆる

「弱者」を優先させよう、となります。

一方、動ける若者に配れという意見もあります。その若者が外に出ていってより多くの食料や必需品を持ち帰るはずだというのが、その理由です。

実際、東日本大震災の被災直後、同じことが行われた避難所があったそうです。高齢者が、自分たちはあとでいいから、若者に食べさせて支援を呼びにいかせようと提案したのです。これも一つの判断です。

この話には続きがあります。妊婦さんと乳飲み子を抱えたお母さんが、後で、なぜ自分たちは後だったのだろう、小さな命を守るために先にしてほしかったと言ったそうです。その時は言い出せる雰囲気ではなかったけれども、災害時でも、いや災害時だからこそ、小さな命の大切さを考えてほしいと訴えたのです。

災害時の問題には正解がない場合が多いのです。

京都大学防災研究所の矢守克也《やもりかつや》教授は、災害時に被災者が行っている問題解決の方法は、「正解」ではなく「成解」を求める作業だと指摘しています。様々な情報を集め、意見を出し合い、何らかの合意をし、納得して、行動していく作業です。

根は災害への関心、それを生み出す地球への興味、そして災害を生き抜いていく人間への洞察、人間が構成している社会へ貢献しようとする態度、そして社会に深く関わっていこうとする姿勢です。

学力は、葉と幹と根が影響し合う総合的な力だといえます。葉だけを念頭に置いて、一時的に茂らせるためだけに受験科目の時間数を確保する発想は間違いです。

防災教育は葉の使い方を教えてくれます。幹である思考力、判断力、表現力を発揮するためには、葉である知識と技能が必要であることを教えてくれます。そして、根が、その学習への動機づけとなっているのです。

教科の学習と防災教育は、お互いの時間を削り合うものではなく、相互補完的なものなのです。

教育の根本的な改革は受験システムの改革から

もう一つの解決策を示します。現状の受験中心の教育体制の改革に関わる解決策です。

大学入試が、学力の樹の葉である知識の総量によってのみ、受験生の学力を測っている現状では、いくら理想を唱えたところで、現実の学校教育はやはり、知識の詰め込みに走ってしまうのは仕方のないことなのかもしれません。生きる力を育もうという文科省の警告も、現場には絵空事に映るのです。

そこで、大学入試を変えるのです。

共通一次試験が始まり、センター試験に代わっても、四〇年近く、統一試験で受験生の学力を測る流れは変わっていません。国公立大学の参加で始まった統一試験は、私立大学の参加が増え、大学入学を目指す若者の学力（受験学力ですが）を測る手法として定着しています。これを無くす必要はありません。活用の方法を変えるのです。

現在のセンター試験では、例えば一〇〇〇点満点で七四九点と七五一点では、当然、七五一点の方が高い得点であり、ボーダーが七五〇点になれば、七五一点は合格し、七四九点は不合格となります。しかし、七五〇点前後の高得点で、たった二点の差は何か決定的な意味を持っているのでしょうか。さらに、受験学部が例えば、理学部か文学部かという違いを吟味せず、ただ単純に総合点だけで合否を判断することに合理性があるでしょうか。極端に言えば、理学部を受験し、数学や化学や物理が少し劣っていても、国語や英語でカバーして合格することもありうるのです。これでは本当にその学部で学ぶ資格のある学生を獲得しているとは言えません。

そこで、センター試験を資格試験化するのです。例えば、一〇〇〇点満点で七五〇点を合格ラインとします。七五〇点の生徒も、八五〇点の生徒も、同じ、一次合格者として扱うのです。二次試験では、一次試験の点数は加味しません。そして、できれば最大でも二科目で、受験生の力を見るのです。工学部なら物理と数学を課すかもしれません。文学部なら国語と英語、あるいは地歴で判断するかもしれません。科目の代わりに面接と小論文、あるいは模擬授業を実施してそのレポートを作成させる実技試験を取りいれてもいいでしょう。このような試験では、防災教育で身につけた力が発揮されます。

このように、その学部・学科に最も必要な能力を測る試験を二次試験で実施するのです。このような入試を突破する受験生は、水準以上の科目の知識があり、得意な分野を持っていると判断できます。このような入試を導入すれば、高校教育が変わります。葉を茂らせることだけに力を注ぐのではなく、得意分野を磨くことも重視されます。集団討論やレポート作成のような試験が増えれば、幹や根にも関心が向くようになります。つまり、知識の暗記に頼る静的な授業が、情報収集や討論、発表なども加わった動的な授業に変わっていくのです。

すでに多くの動的な工夫を取り入れている防災教育は、教育の改革につながる可能性を持っていると言えるでしょう。

3章
防災教育の守備範囲

1　災害のライフサイクルと防災教育

災害のライフサイクル

災害を時系列でとらえ、その各フェーズで何ができるかを考えると、防災教育のアイデアが浮かんできます。

災害のライフサイクルは、例えば、京都大学防災研究所編『防災学ハンドブック』（朝倉書店）では、平常期、警戒期、発災期、復旧期と分類されています。警戒期と発災期を合わせて、災害期とも呼ぶようです。防災の専門家ではない一般の教職員にとっては、「発災」という言葉は馴染みがありません。防災の世界にあるこのような専門用語も、防災教育を一般の教職員から遠ざけている要因なのかもしれません。ここでは、普通の市民にも理解できるような表現を使い、「災害発生」「緊急対応」「復旧と復興」「次の災害への備え」という四つのフェーズで説明します。

災害発生後の緊急活動

災害が発生すると、緊急対応が行われます。消防や自衛隊による救出・救助、けが人の搬送や緊急医療活動がこれにあたります。避難所の開設や避難者の支援も必要です。

このような活動のすべてを、専門家が担っているわけではありません。

阪神・淡路大震災や東日本大震災のような大規模な広域災害では、救助を必要とするすべての現場に救助部隊が展開することは物理的に不可能です。阪神・淡路大震災では、隣近所の住民が、素手でがれきに立ち向かいました。持ち寄った機材やありあわせの道具を使って、市民が市民を救出し、病院へと運んだのです。東日本大震災でも、住民が隣近所の人々に避難を促し、逃げ延びた人々は、救助隊が到着するまで避難場所に身を寄せ、自分たちで命をつなぎました。

緊急対応の時期に、市民が自分たちの命を自分たちで守るために一番重要なものは何でしょうか。答えは臨機応変の判断と行動です。もちろんそのためには、備えも必要です。

この時期を念頭に置いた防災教育でよく行われているのは、避難訓練や消火器を使った初期消火訓練、けがの手当て、毛布担架を使った搬送練習などでしょう。バケツリレーもあります。

避難では、地震、津波、大雨などのハザードによってとるべき行動が違ってきます。建物の耐震化や土地の高低など、環境によっても違ってきます。すべての状況に対応する避難訓練を一通り体験しておくことが理想ですが、学校教育でこれらすべてを網羅することは不可能でしょう。

まず、自分たちの住む地域に発生する危険性のある災害とその対応を学び、それから自分たちの地域には発生しないかもしれない災害であっても、日本で頻繁に発生している災害へと学習の対象を広げていけばいいのです。日本という災害大国に住む以上、多様な災害に対応できる知識と技能の学習は必要です。

地震の場合、最も一般的に行われている指導は、机の下に隠れろというものです。しかし、これは万能ではないことも、子どもたちに教えておかなければなりません。机の下に隠れても、家が倒壊すると最悪の場合は命を落とします。

阪神・淡路大震災の時、机の下に隠れて、倒壊した家の下敷きになって命を落とした人が少なくないと聞きました。二〇一五年四月に発生したネパールの大地震の被災地にいる知人からも、机の下に隠れて命を落とした人が多いという報告を受けました。建物が倒壊してしまったのです。

このような脆弱《ぜいじゃく》な建物の場合、揺れを感じたらすぐに外に逃げる判断が必要です。

家が耐震化されていても、机の下で頭を抱えていては、揺れで机が移動してしまい、落下物から頭を守ることができなくなります。机のない部屋にいて、机のある部屋を探して動き回るのはナンセンスです。身近にあるクッションやかばん、何もなければ手で頭を覆ってダンゴムシのように丸くなっていればいいのです。一つの行動を教えるときに、それが万能ではないことを、事例とともに正確に教えることが大切です。

洪水なら、できるだけ早い避難が必要です。実際、避難の途中で、増水した水路で足をとられて流されたケースもあります。洪水の被害のほとんどは、遅れた避難の途中に起こっているのだそうです。そういったデータを示しながら、気象情報の収集や早期避難の大切さを教えることも必要です。もちろん、学年が上がれば、気象情報をより正確に理解するための気象の知識も教えてほしいものです。万一避難が遅れたら、二階や屋根の上など、より高いところに逃げること、言い換えれば「逃げない避難」も選択肢の一つであることも教えるべきでしょう。

初期消火は、消火器を使えれば誰にでもできる、というものではありません。知識も必要です。消火器は、炎が天井に届いているような火災で使うと、かえって危険です。あくまでも地面を掃くようにして火を消すという行動が可能な、本当に初期の火災に限られることも知っておかなければなりません。低学年の子どもには、消火器を使うよりもむしろ、まず大声で大人を呼ぶことを教えたほうが現実的でしょう。大声は、防災の基本中の基本です。

バケツリレーで消火した事例はありますが、すべての火災をバケツリレーで消し止めたわけではありません。バケツリレーが間に合わない火災の方が、圧倒的に多かったという事実は、知っておくべきでしょう。また、火災が発生している場所にいつも防火用のバケツがあるとは限りません。水を入れる容器なら何でも使ってバケツリレーを練習するなどの工夫を取り入れている事例もあります。

防災教育で学ぶ初期対応は、すべてが万能というわけではありません。限界があります。その限界を知って、どんな新しい状況に直面しても、落ち着いて周りを見回し、情報を集め、判断し、次の行動に移せる子どもたちを育てる教育が必要です。

学力の樹の葉と幹をうまく組み合わせた防災教育カリキュラムが大切なのです。

復旧と復興

復旧とは、災害で破壊されたものを、元の形に戻すことです。電気や水道、ガスなどのライフラインが寸断されたときは、災害発生直後から復旧活動が始まります。道路や鉄道、電話やインターネットなどの情報通信網でも、早期復旧を目指した作業が開始されます。

一方、単に元に戻すだけでは、再び同じ規模の自然現象がその地域を襲えば、同じ規模の災害が発生する危険があります。

そのような事態を避けるために、元の状態よりも良いものをつくる必要があります。水道管やガス管を地震の揺れに強いタイプに付け替える、鉄道や道路を耐震性の高い構造にする、まちの区画整理を進め災害に強いまちづくりを行う、などが実際に被災地で行われてきました。これを復興と呼びます。

復旧は元に戻すこと、復興はもとよりも良いものをつくることと理解すればいいでしょう。

復旧は急がれます。生活に必要なインフラを早急に回復させるわけですから、一刻の猶予もありません。全国各地から専門家が被災地に集結し、作業を急ぐことになります。阪神・淡路大震災では、全国から技術者が参集し、高い技術力と見事な連携で、あれだけの被災にもかかわらず、短期間で復旧を成し遂げました。災害時には日本の技術力の高さを実感させられます。

復興は、被災者の生活やその人の人生の長さを考えると、急ぐ必要があります。高齢者は、いったん被災すると、自分のまちが復興するまでの時間と自分に与えられた残りの時間を比べてしまいます。阪神・淡路大震災では、高齢者など、支援が必要な人から仮設住宅に移っていきました。それは結果的にはコミュニティの破壊になってしまいました。避難所を出て仮設住宅に移るということは、高齢者にとっては、自分のまちとそこに住む知り合いとの永遠の別れを意味することでもありました。

高齢者は、ゆっくりとした復興を待てないのです。

しかし復興計画の策定と実施には長い時間がかかります。住民、行政、専門家の粘り強い話し合いと合意が必要です。急がれた復興が、そのまちに住み続ける不便さを生み出す、あるいは急いだ全村避難が、その村を消滅させることもあります。

復興は、急ぎたいけれども急ぐことができないというジレンマを抱えているのです。

復旧・復興期の支援を学ぶ

復旧期や復興期には、避難所での生活や災害復興住宅での生活が始まります。不便な生活の中で、孤独感を募らせ、孤独死や自死に至るケースもあります。この時期には、物理的な生活支援と心理的な支援が必要です。

復旧と復興を念頭に置いた防災教育は、支援の教育でもあります。

実際の災害で役に立った支援と被災地に混乱を引き起こした支援、被災者に喜んでもらえた支援と困惑させた支援、復興の役に立った支援と支援者の自己満足で終わった支援など、様々な実態を、子どもたちに学ばせる必要があります。そして、ある事例を学んだ時に、それが正しいか正しくないかという二者択一の判断を下すのではなく、どちらの側にも立って多角的に物事を見る視点も養いたいものです。

これは、よき支援者となるために必要な知識と態度です。

阪神・淡路大震災で甚大な被災を受けた兵庫県の淡路島にあるＮＰＯがとりくんだ事例を紹介します。

彼らは仙台市の避難所に連絡を取り、現時点で必要なものが何かを聞き取りました。それらをパネルトラックに積んで被災地に向かうのですが、荷物を下ろす要員も別の車でついて行きました。これは、トラック満載の救援物資が避難所にやって来た時に、それを下ろす人がいないために、避難所の支援要員や、時として被災者がその作業に従事しなければならず、本来の避難所運営に支障が出る事態が阪神・淡路大震災であったことを体験的に知っているからです。

荷物を下ろして空っぽになったトラックには、現地で余っている服を詰め込んで持って帰りました。それを仕分けしてバザーで売り、現金に換えたのです。現金は避難所に送り、有効に使ってもらったとのことです。驚かされたのは、持ち帰った服の七割ほどは、古着で、汚れていたり穴が開いていたりして、売り物にならなかったという事実です。これが先進国日本の支援の現実です。

このような事実の学習は、より良い支援者の資質を考えるきっかけになります。

被災地の実態と、支援の実態を学び、子どもたちが自分たちの視点で何ができるかを話し合う授業も、支援者の姿勢を育みます。必要であれば、関連書を読んだり、インターネットで調べたりして、より正確な知識を獲得しようとします。

話し合った内容をまとめて発表させれば、他者の意見をしっかりと聞く力、自分の意見を他者にわかるように伝える力、みんなで考えたことをまとめて表現する力を育てることになります。

二者択一の場面での判断力

クロスロードという防災ゲームがあります。京都大学防災研究所の矢守克也教授と慶應義塾大学商学部の吉川肇子《きっかわとしこ》教授、ゲームデザイナーの網代剛《あじろつよし》氏が開発したゲームで、行政や市民レベルの防災研修で広く使われています。ゲームを運営する力量を身につける研修会も定期的に開かれています。ゲームのテーマを防災に限定せず、環境や地域、暮らしなどに広げた実践も行われており、ゲームの選択肢そのものを考えるワークショップも考案されています。クロスロードはゲーミングを学びに取り入れた活動の定番となっています。

クロスロードでは、災害時のある状況下で、一つの判断を迫られます。その対応が二つに一つ、どちらを選ぶかに困ってしまうような状況が用意されています。すべて、実際の災害体験者から長い時間をかけて聞き取った状況をもとにして考えられた状況です。

例えば、「あなたは市役所職員。未明の大地震で自宅は半壊。家族は無事だが心細そう。電車も止まり、出勤には二、三時間。出勤する？　しない？」というような、究極状況での判断を迫る設問が、いくつも用意されています。参加者は、五人から七人程度の班を作り、それぞれのメンバーがその問いにＹｅｓかＮｏで答えます。多数意見が勝ちで、褒美に小さな紙の座布団をもらえますが、一人だけの少数意見は尊重され、金色の座布団をもらえます。金色の座布団欲しさに、あえて少数になりそうな側のカードを挙げる人も少なくないようです。

カードを出した後、メンバーが、なぜＹｅｓなのか、なぜＮｏなのか、自分の考えを言います。これは、多様な考えに出会う機会であり、教育的に言えば、他者の意見に耳を傾け、尊重する練習にもなります。

クロスロードでは様々な状況で自分の考えを主張する力が必要です。その裏付けとしての知識も必要です。しかし、知識は少ししかなくても、自分のそれまでの生活の中で出会ってきた様々な体験に照らし合わせながら、自分なりの判断ができます。

二者択一の判断をしなければならない場面に投げ込まれると、子どもたちは真剣に考えます。自分ならどうするだろうという問いをいつも発し続けます。

阪神・淡路大震災の被災地で、こんな話を聞きました。

病院に負傷者が運ばれてきます。亡くなった方も運び込まれます。しかし、水がありません。看護師が、水を探してがれきのまちに出ました。赤ん坊を抱いた若い女性が、自分が持っているペットボトルを一本差し出したそうです。赤ん坊のミルクに使うはずだったボトルです。看護師は、感謝して受け取り、病院へと急いで帰りました。

子どもたちは、自分なら、ペットボトルを渡しただろうか、渡さなかっただろうかと悩みます。

東日本大震災の被災地で、こんな話を聞きました。

地震が発生し、消防団員が海沿いの家を回って避難を呼びかけました。中に、頑として動こうとしない老人がいたそうです。説得していた消防団員は、最後に、こう言いました。

「あなたが逃げないなら、私も逃げることができない。あなたが逃げないならあなたと一緒に、私も死ぬ。それでいいのか」

子どもたちは、自分もその人を説得しただろうか、それとも説得をあきらめその人を置いて逃げたのではないか、と悩みます。

このような究極の判断を迫られる場面で、子どもたちは悩みます。そこが大切です。過去の災害時に自分を投影し、その時の判断を参考にしながらも、自分のこれまでの生活の中での体験や培ってきた考え方を取り入れて、自分の判断を考えようとするのです。そしてその悩みが防災を学ぶモチベーションを高めます。悩んだ経験が、きっと未来の災害時に活かされるはずです。

次の災害への備え

災害のライフサイクルは、復興段階を終えると次の段階へ移行します。いつかまた襲ってくる災害への備えの段階です。ここで災害の経験を活かして災害に強い社会を構築しておけば、次に同じ規模の自然現象に襲われても、被害は少なくて済みます。復興過程で堤防のかさ上げをするとか、家屋の耐震性を高めるなどの対策をとっておけば、被害が減ります。

一方、復興を急いだり、市民の防災の意識が低いままであったり、あるいは途上国のように貧困が原因で元の生活に戻すことだけが災害後の目標となってしまったりして、次の災害への備えという発想が失われてしまう場合があります。そうなれば、社会の防災力は低いまま、以前と同じような脆弱なまちが再生されてしまいます。そこを同じ規模の自然現象が襲えば、前回と同じ規模の災害に見舞われることが予想されます。

日本では、高度経済成長や人口の都市集中などが原因で、斜面や低地など、昔なら手つかずの森林か農地であったような土地にも人が住むようになりました。このような土地は、実は、災害が発生しやすい自然環境と被害を受けたくない社会環境の緩衝地帯としての役割を果たしていたと考えられます。そこが開発され、社会活動が行われるようになった結果、地滑りや土石流、洪水の被害が増えたと考えられます。

次に起こるかもしれない災害よりも経済開発を優先させた結果、災害が発生したのです。安全と経済を天秤にかけて、経済を優先させてきた日本社会は、そろそろ変わっていかなければならない分岐点に差し掛かっているのです。

備えの防災教育

備えの段階の防災教育で多くの学校がとりくんでいる活動は、地震災害なら避難経路の確認や非常持ち出し袋の準備でしょう。

避難経路の確保は、防災管理の範疇ですが、複数設定した避難経路からどの道をたどって避難するかを、その時の情報を集めて判断し、実際に行動する力は、防災教育で育んでおきたい力です。避難訓練で、事前に指定した避難経路を急きょ閉鎖し、新たな避難路を見つけさせるなど、ちょっとした工夫で自ら考える能力を育む防災教育になります。

非常持ち出し袋の準備も、地震や津波、洪水などの災害時に避難所に身を寄せることを前提に、広く行われている実践です。単に持ち出すべきものを教えるのではなく、子どもたちに袋の中に入れるべきものを議論させるなど、一方的な知識の注入にならない工夫をしている授業が多くあります。

神戸学院大学学際教育機構防災・社会貢献ユニット（当時の名称、現在は現代社会学部に改編）の学生が防災教育チャレンジプランでグランプリを獲得した面白い実践があります。非常持ち出し袋に入れるグッズを考える学習と算数の勉強を組み合わせたものです。カードに描いた大きなリュックサックと、水や非常食、タオル、薬など、必要と思われる数々の物品の絵を用意します。それぞれのカードには値段が書かれています。子どもには、総額三〇〇〇円とか五〇〇〇円の資金を渡します。子どもたちはそのお金の範囲で、何を何個買いそろえるかを議論するのです。友だちと意見が対立すると、相手を納得させる理由を考えなければなりません。持ち出し品の意味をより真剣に考えるでしょう。品目と個数を考えて値段の計算をします。掛け算、足し算、引き算の勉強になります。割引券を用意すれば割り算の勉強にもなるでしょう。教科の勉強と防災の学習を組み合わせた面白い実践です。

耐震化は、備えの重要な要素です。日本建築防災協会や日本木造住宅耐震補強事業者協同組合などが、我が家の簡易耐震診断のホームページを公開しています。住宅メーカーのホームページにも簡易耐震診断のページがあります。誰でも簡単にアクセスでき、楽しみながら我が家の耐震診断ができます。もう少し高度なものとしては、方眼紙に図面を書いて、壁面の量やバランスを検査するものもあります。子どもたちの発達年齢に合わせて難易度を調整して導入すれば面白いでしょう。

2　防災教育の三つの分野

ハザード、災害対応、社会構造の関係

災害は、災害を引き起こすかもしれない自然現象、災害対応、そして社会構造の三者のバランスによって発生し、社会が受ける被害の大小が決まってきます。以下の考え方は、「主要災害調査第四一号」(防災科学技術研究所)を参考に、私的にまとめたものです。

自然現象はハザードと呼ばれたり、誘因と呼ばれたりします。災害を引き起こすきっかけです。

災害対応は、前節で述べた緊急対応と、復旧・復興のプロセスを含んでいます。

社会構造は、素因とも呼ばれ、ハードとソフトからなります。また、素因を自然的な素因と社会的な素因に分けた考え方もあります。例えば、大きな河川の下流地帯に広がる低地は自然的な素因で、洪水に対する脆弱さになります。一方、耐震化されていない家屋が密集する地域は社会

的な素因で、地震に対する脆弱さになります。この社会的な素因は、後で述べる社会構造と同一のものとして扱いたいと思います。

ハザードが強ければ、被害が大きくなる可能性があります。災害対応が拙いと被害が広がります。社会構造が強ければ、被害を少なく抑えることができます。逆に脆弱な社会では、甚大な被害が出る恐れもあります。

最悪のケースでは、強いハザードと拙い災害対応と脆弱な社会が重なります。この場合、間違いなく、大きな被害が出ます。社会基盤が整っていない途上国で巨大な台風や火山噴火、地震、津波などの自然災害が発生したらどうなるか、近年発生したハイチの大地震、フィリピンの台風被害、ネパールの地震災害など、多数の大災害が物語っています。

災害は、その引き金となる自然現象の力が、そのインパクトを受ける社会の防災力を上回った時に起こります。

例えば、マグニチュード六の地震が発生したとします。日本の建築基準をクリアしている新興住宅地なら、怖がる人はたくさんいるし、ガラスが割れたり棚の上の物が落下したりする被害があったとしても、家屋の倒壊のような大きな被害はまず発生しないと思います。

一方、途上国の脆弱な建物群――例えば、私が生徒と一緒によく訪れた、ネパールの首都カトマンズにある日干しレンガ造りの古い家屋が密集しているまち――では、家屋の倒壊によって大きな被害が出ることは間違いありません。

ネパールにあるNational Society for Earthquake Technology in Nepal(NSET)というNGOは、市民の防災意識を高めるために、学校の建物の耐震化と防災教育、建物建築に関わる石工たちのトレーニングに力を入れています。とりくみは着実に進んでいますが、ネパールの特に都市部に存在する脆弱な建物群を考えると、ひとたび強い地震が発生すると、大きな被害が出てしまうことが予想されます。ハザードの強さよりも、そこにある素因、つまりまちの脆弱さがあまりにも凄まじいのです。

実際、この原稿を書いている最中の二〇一五年四月二五日、カトマンズの北西八〇キロ付近を震源とするマグニチュード七・八の大地震が発生しました。テレビで被害を報道していますが、災害報道の常で、被害がどんどん増えていっています。

社会の防災力の強さがどれほど大切か、テレビ映像を見ると痛感します。

ハザード、災害対応、社会構造が生み出す被害

ハザード、災害対応、社会構造をそれぞれ円で描き、その三つの円を、俵を積み上げるような格好で重ねます。土台に二つの円、その上に一つの円を置いて、三つの円の接する部分がお互いに食い込んで重なっている状態を想像してください。

ハザード、災害対応、社会構造の三つが重なっている部分、ハザードと災害対応、災害対応と社会構造、社会構造とハザードの二つが重なっている部分、ハザード、災害対応、社会構造がそれぞれ単独でどこにも重なっていない部分ができます。

ハザードは三つの円の重なり部分に行くほど強く、離れるほど弱くなります。災害対応は重なり部分に向かうほど拙くなり、反対方向に行くほど良くなります。社会構造では円の重なり部分は脆弱な社会で、その反対側が防災力の高い社会です。

三つの円が重なっている部分は、強いハザード、拙い災害対応、脆弱な社会を表しています。ここで大きな被害が出ることは容易に予測できます。

防災は、この円の重なり部分を少なくする営みです。つまり、三つの円をすべて、外向きに引っ張り出すのです。ハザードから離れ、災害対応をうまくし、社会構造をより強いものにするのです。

ハザードから離れる

ハザードは、それ単独では災害ではありません。太平洋の真ん中にある台風は単なる自然現象です。それが社会に上陸し、被害を与えた時に災害となります。災害は必ず社会と関係があるのです。

ハザードは自然の掟に従って動いており、人間の力の及ぶものではありません。台風の進路を変えたり、地震の発生時期をコントロールしたりすることは不可能です。しかし、社会の防災力は、私たちの不断の努力によって向上させることができます。

災害に遭いたくなければ、ハザードが存在しないところに住めばいいのです。洪水に遭いたくなければ川の近くに住まなければいいし、津波が怖ければ高台に住めばいいのです。地震は、歴史を見ると定期的に発生している地域がわかります(といっても、数百年、数千年、数万年のスパンですが)。また、地震保険の等級などを見ても、地震の危険性が反映されているので、それを参考にして、危険性の少ない地域に住むという選択もできます。

しかし、ハザードから離れることは、それほど簡単なことではありません。日本の人口のほとんどは、平野部に集中しています。その地域に根を下ろして生活しています。生活や仕事の場である地域を捨てて、別の地域に移住することは不可能です。さらに、安全だと考えられている地域が本当に安全かどうかの保障もありません。本当に安全な場所があると仮定しても、そこに日本のすべての住民が移住するほど、国土は広くありません。

伊勢湾台風をきっかけに整備された災害対策基本法は、その第一章「総則」の第二条で災害を定義しています。それによると、災害とは、「暴風、竜巻、豪雨、豪雪、洪水、崖崩れ、土石流、高潮、地震、津波、噴火、地滑りその他の異常な自然現象又は大規模な火事若しくは爆発その他その及ぼす被害の程度においてこれらに類する政令で定める原因により生ずる被害」ということになります。これだけでも日本に様々な災害が存在することがわかります。

ハザードと付き合う

日本で、これらの災害を引き起こすかもしれないすべてのハザードから離れて暮らすことは可能でしょうか。

無理です。しかし、あきらめる必要はありません。無理だからこそ、ハザードをしっかりと学べばいいのです。相手を知り、備えと対応に活かすのです。

東日本大震災が発生する前から、釜石市で防災教育を進めていた、群馬大学の片田《かただ》敏孝《としたか》教授は、自然と付き合う「作法」という表現を使って、自然を学ぶことの大切さを説いています。自然をリスペクトし、しっかりと向き合う教育をしなければならないのです。

ハザードのメカニズムを学ぶということは、野球にたとえると、相手ピッチャーの特徴を学んでおくことです。相手がどんな球種を持ち、どんなカウントでどんな球を投げる可能性が高いかを知っている打者は、全く何も知らない打者と比べると、落ち着いてバッターボックスに立つことができ、ヒットを打つ確率も高くなるはずです。プロ野球のスコアラーが先乗りしてデータを集めるのは、相手を知り、うまく対処すること(つまり勝つこと)を目的としているからです。

防災でも同じです。まず相手を知ること、そして正しく備え、災害が発生した時に正しく対応することが大切なのです。

ハザードは人間が勝手に決めた国境とは何の関係もなく発生します。そこで必要になってくるのが、「地球規模で考え、地域で活動する」ことです。これは環境問題を考えるときにいつも引き合いに出される有名なスローガンです。

災害を引き起こすハザードについて地球規模で学び、実際の防災活動はまず地域から、まず家庭から始めるのです。内陸部に住むからといって津波を学ぶ必要はないと考えるのではなく、将来、海岸沿いに住むかもしれないし、仕事やレジャーで海岸沿いに行くかもしれないと考え、きちんと学んでおくのです。火山噴火、地震、大雨、強風、台風、竜巻、大雪など、学ぶべき自然現象はたくさんあります。グローバル社会に生きる人間は、もっと地球と仲良くなる必要があります。

ハザードの学習がもたらす安心感

ハザードの知識は、災害後の人々の心を落ち着かせる役割もあります。

阪神・淡路大震災の後、ちょうど一か月後に同じ規模の地震が発生するといううわさが流れました。もちろん、被災地にいた私たちはそのようなデマを信じませんでした。地震のメカニズムを知っており、たとえ余震があっても、それはだんだんと収束していくことがわかっていたからです。

私は、インド洋大津波の被災地、インドネシアのバンダアチェを、大津波からちょうど半年後の二〇〇五年六月に訪れました。心のケアと防災教育のプログラムを実施するためです。現地でこんな話を小耳にはさみました。ちょうど半年後の六月二六日に同じ規模の津波が発生するというのです。しかも、驚いたことに多くの人々が、その日、高台に避難したのです。なぜ人々は津波の襲来を信じたのでしょうか。

原因は科学的な知識の欠如であると私は思います。学校でハザードについて教えていなかったのです。津波が来るというデマを否定するだけの知識を持っていなかったのです。

プログラムのセミナーで講師をしていた時、ある高校の地理の先生に、津波の原因を聞かれたことがあります。インド洋の底でガス爆発があったといううわさがあるけれども本当か、インド洋の深さが津波の高さに影響を与えたのか、といった質問です。

正直、驚きました。一般市民がそういう質問をするのならば理解できます。しかし、高校の地理の先生がそういう疑問を持つことが、その地域の教育の限界を示していると思ったからです。もし彼らが学校教育を通して地震や津波のメカニズムを熟知していたら、そのような質問は出なかったでしょうし、市民は落ち着いて行動していたはずです。

知らなかった市民の恐怖は相当なものだったでしょう。

ハザードの知識は、災害への備えと災害発生時の適切な行動に結びつくだけではなく、安心感をもたらすという意味において、心のケアにも役立つのです。

地学教育の復権

高校生は、「地学基礎」と「地学」で地球の構造や災害に結びつく自然現象の発生メカニズムを学びます。小学校や中学校の理科でも、地球を学ぶ単元があります。このように学習指導要領には、地球に関する科目がきちんと用意されています。

しかし、大学入試での成功を教育目的ととらえてしまっている高校では、生徒に履修させる教科・科目を決める際、物理や化学、生物を選び、地学は軽視しがちです。しかも、高校の多くは普通科であり、大学進学を前提としているため、必然的に、地学を軽視する学校が多数を占めているのが現状です。

地学の教員の採用がない自治体もありました。教員向けのある研修会で、「地学教員は絶滅危惧種ですね」というと、「私は地学の教員で三月に退職するから、もう絶滅するよ」と笑われたこともあります。

同じことは地理・歴史でも言えます。日本史、世界史が優先的に選ばれ、地理はどちらかというと後回しなのです。

地学や地理の学習は、就職を希望する生徒や入試の負担が少ない専門学校を受験する生徒、大学でもＡＯ入試や国語、英語だけの入試を行っている大学を受験する生徒のためにあると理解されているようです。

地球に住む私たちは、地球をもっと知るべきです。小学校、中学校では理科分野で必ず地球のメカニズムに触れますが、その延長として、高校段階でも地学を必修とすべきです。しかも、地学を理科だけの科目として教えるのではなく、社会、災害とのかかわりでも教えるべきです。小学校、中学校で地学分野に触れるときも、災害とのかかわりはきちんと教えておくべきでしょう。

文部科学省が学習指導要領を改訂して災害に関する項目を増やしたといっても、その科目が学校側に選択されなかったり、その内容がおざなりにされてしまったりしては意味がありません。

地震時の避難の前提は耐震化

日本で行われている防災教育のほとんどが、災害発生時の安全行動や避難行動をテーマにしています。これは災害直後の緊急対応をイメージしたものです。地震が発生したらまず机の下に隠れろという指導（建物の耐震化が前提ですが）や避難訓練は命を守るためにはとても大切な教育です。

防災教育のセミナーで講師をしていると、地震発生直後の正しい行動についての質問をよく受けます。特に中国ではよく聞かれました。揺れているとき校舎の外に出るのがいいのか、校舎内に留まるのがいいのかという質問です。これは、四川大地震で多くの学校が倒壊し、死者・行方不明者九万人のうち、倒壊した校舎の下敷きになって学校で亡くなった子どもが二万人に上ることと関係があるようです。

もう一つ、揺れた瞬間に外に逃げるという選択肢に人々が惹かれる理由があります。それは、英雄の存在です。四川大地震の時、揺れた瞬間に全校生徒を校庭に避難させ、誰一人犠牲者を出さなかった学校の校長が、英雄として扱われています。この話は何度も聞かされました。人々は、ある成功例があると、それがどんな場合にも通用すると思い込んでしまうようです。

私の答えは、外に出るか中に留まるかは、ケースバイケースだというものです。耐震性に信頼がおける建物なら、中に留まって、周囲を見渡して安全な場所を見つけ、そこで頭を守る姿勢をとって揺れが収まるのを待てばいいのです。どう考えても地震で倒壊しそうな建物なら、いち早く外に出て広い空間に避難しなければなりません。もちろん、揺れが強ければ動くことすら困難で、外に出ることができない恐れがあります。そうならないように、耐震化を早急に進めるべきだというのが、私の結論です。

日本の気象庁は、地震の震度を一〇段階に定めています。最大が震度七で、六強、六弱、五強、五弱、四、三、二、一と順に小さくなり、人が揺れを感じない震度〇となります。この震度階級表の解説を読むと、一つの事実に気付きます。それは、震度六弱以上の強い揺れでは脆弱な建物が壊れたり、壁や天井が落ちたりする危険性があり、しかも人は動けないというものです。逆に震度五強以下なら、建物や非構造物が壊れる心配はないし、人は動けます。つまり、危険な建物からできるだけ早く外に出なければならないときには、人は動けなく、人が動けるときは、慌てて外に出る必要はないのです。

このことからも、耐震化というハードでの防災が不可欠であることがわかります。揺れた瞬間に外に出るか出ないかという問いの答えは、「ケースバイケース」なのです。自分のいる場所の危険度を見極め、外に出るか内部に留まるかを瞬時に判断して行動できる人間を育てることこそ、防災教育が最優先で育むべき能力なのです。

自分の身を守る防災教育から人を助ける防災教育へ

災害発生直後の防災教育で、多くの学校でとりくまれている授業の一つに、けがの手当てがあります。けがの手当ては、包帯や三角巾を使った正式なものから、包帯の代わりにラップを使う方法、雑誌やビニール袋を使った骨折の応急処置などもあります。子どもたちに新聞紙、雑誌、傘、鉛筆、ラップなど、身の回りにあって災害時にも容易に手に入れられるものを渡し、けがや骨折をした時にどう使うかを考えさせると、本当に楽しそうにとりくみます。

毛布と物干し竿を使った担架づくりやジャンパーを転用した担架づくりなども人気があります。意外なものをアイデアで活用する勉強は、子どもの関心を強く惹きつけるようです。

私は災害対応を少し広くとらえ、災害直後の緊急対応だけではなく復旧・復興の過程も災害対応に含めて考えています。この時期に行われる避難所運営やボランティアなど、被災者の支援に着目しているのです。

自分は災害には遭わないだろうと思い込んでいる人は、防災を学ぶ必要性に気付きにくいものです。しかし、支援者としての対応にまで学習範囲を広げると、学ぶ動機を見つけるチャンスが膨らみます。この災害対応時の防災教育は、別項「Supporter となるための防災教育」で詳しく説明します。

ハードによる防災

社会構造はハードとソフトに分けることができます。ハードは堤防のような、災害を封じ込める機能を持った構造物です。地震多発国日本では、耐震・免震・制震機能を持った建物は重要なハードといえます。
ハードによる防災は二つの課題を持っています。

一つは、莫大な金がかかるという問題です。ダム、堤防の建設は、財政問題の中心課題として、政治的論争を頻繁に引き起こしています。

建築物についていえば、日本では厳しい耐震基準が採用されており、耐震性に問題はないと考えていいでしょう。もちろん、設計から工事までがしっかりと監理されているというのが前提です。これまで構造計算書の偽造や免震ゴムの性能偽造が社会問題となったことがあります。コストよりも安全を最優先にした思想が、災害大国には必要です。

一方、戦後すぐに建てられた古い家屋が密集する地域では、耐震化が急務であることはわかっていても、なかなか進みません。補助金制度ができ、行政が広報に力を入れても、利用者がなかなか増えていかないのが現状です。

市街地の、古い住宅地が密集する地域には、その土地に長く住む人々、つまり高齢者が暮らしています。一〇〇年や一〇〇〇年に一回起こるか起こらないかの地震に備えて大金をかけたくない、しかも自分はもう歳だから、無駄なお金は使いたくない、というのが高齢者の本音でしょう。

こういう状況を打開しようと試みた防災教育の実践事例があります。千葉県立市川工業高等学校は、防災教育の草分け的存在です。建築を学ぶ高校生が、地域の家屋を簡易耐震診断し、安全性と危険性を住民に知らせ、耐震化を勧めるとりくみをしてきました。行政ではなく高校生による提言であるため、住民にも受け入れられたといいます。しかし、この実践が日本全国で行われたわけではなく、残念ながら、点としての存在にしかなりませんでした（もちろん、光り輝く点ですが）。

ハードと「想定外」

ハードによる防災の二つ目の課題は、想定に関わるものです。

東日本大震災以降、爆発的に使われた言葉に「想定外」があります。今回の地震・津波は、貞観地震以来の一〇〇〇年に一回の規模だったため、堤防の建設などのハード面の備えができていなかったとか、ハザードマップは明治三陸大津波、昭和三陸大津波、チリ津波の浸水地域を想定して作られていたので、今回のような想定をはるかに超えた大津波では役に立たなかった、といった説明をよく聞きます。想定されていなかったことが起こったので、守れなかったというわけです。

ハードによる防災は、想定外の事態には極めて弱いのです。

そもそもハードの発想では、災害の想定を前提とし、その想定の範囲内の被害に対抗できるものを作ろうとします。過去には、行政の財政と照らし合わせて、想定をあえて低く見積もってハードを建設するということもありました。これでは、想定外の災害を食い止めることができないのは当然です。

ハードをカバーするソフト

一方ソフトは、ハードのような形や構造を持ちません。決まった形を持たないので、相手によってこちらの形を変えることも可能です。地震なら地震対応の防災訓練、水害なら水害対応の避難訓練、といった具合に、ハザードによって、こちらの訓練の内容を変えることもできます。このような訓練を繰り返し行っておくことが、実際の災害時に役立ちます。

兵庫県神戸市にある県立盲学校(当時の呼称)は、阪神・淡路大震災の前から避難訓練を何度も繰り返し行っていました。平日は寄宿舎に泊まり込む子どもたちもいたため、宿泊勤務の職員と子どもたちが一緒になって夜間避難訓練も行っていました。その体験の蓄積のおかげで、大地震が発生した早朝、落ち着いて行動できたといいます。地震発生時に寄宿舎にいた先生が、「目が見えない子どもには、昼も夜も同じだし、停電しても関係ないけど、私たち教員が落ち着いて行動できた。訓練は絶対繰り返してやっておくべきだ」と話していたのが印象に残っています。

東日本大震災では、釜石東中学校の生徒が、隣の鵜住居《うのすまい》小学校の子どもたちと手に手を取って走って逃げました。その姿を見て、地域の人も避難したそうです。率先避難という言葉で有名になりました。

これらの事例は奇跡ではありません。訓練の積み重ねが起こした事実です。この訓練の積み重ねがソフトによる防災にあたります。もちろん訓練だけではなく、防災教育の様々なとりくみのすべてが、ソフトによる防災活動だと考えてください。

神戸市役所に長年勤務し、在勤中に阪神・淡路大震災を体験し、その対応やその後の復旧・復興に尽力したある職員は、このような話をしてくれました。彼は、東日本大震災のある被災地で、まちづくりの支援者として関わっている方です。

「一〇〇年に一回の津波はハードで抑え込むことができるが、一〇〇〇年に一回の津波は無理だ。避難というソフトで対応するしかない」

また、津波研究の第一人者である東北大学の今村《いまむら》文彦《ふみひこ》教授は『防災教育の展開（シリーズ・防災を考える）』（東信堂）の中で、災害時の被害を小さくし、復旧・復興の過程での社会の回復力を向上させるためには、ハード面での準備・知識だけではなくソフト面でのとりくみも必要であると指摘しています。そのソフトとは、住民への適切な防災教育です。今村氏は面白い表現でソフトとハードの関係をわかりやすく教えてくれています。要約してみましょう。

コップがあります。そこに水を注ぎます。水は津波、コップは堤防です。コップが水を受け止めるように、堤防が津波を食い止めます。コップ、つまり堤防というハードによる防災が行われているのです。しかし、水を注ぎ続けるといつかはコップから水があふれ出します。津波が堤防を乗り越えていくのです。こぼれる水を別の器で受け止めるとしましょう。その別の器がソフトです。津波であれば、避難という防災教育がソフトにあたります。

防災ではハードとソフトの両方が必要なのです。

ハードとソフトの融合

宮城県石巻西高校の自然科学部の生徒が面白いハードの実験をしています。

東日本大震災では津波が堤防を越えたり、巨大な堤防を破壊したりしました。生徒たちは、どんな形状の堤防が津波の破壊力を抑えるのに有効か、津波の到達時間を少しでも遅らせ、逃げる時間を稼ぐことができるかを、模型を使った実験を繰り返して調べました。津波によって堤防が破壊され、壊滅的な被害を受けた地域を目の当たりにして、たとえ堤防を越えるような津波であっても、避難の時間を稼ぎたいと考えたのです。

繰り返した実験の結果、コの字型の堤防が一番強かったそうです。逆に、海岸でよく見かけるなだらかな斜面や腰を掛けて海を眺めるのに向いている階段状の堤防は、津波が容易に駆け上り、すぐに越流してしまったそうです。

もし、生徒たちが考案した形状の堤防が実際に自分たちのふるさとの堤防に採用されれば、大きな社会貢献にもなり、彼らの達成感は計り知れません。

徳島県を流れる吉野川は、日本三大暴れ川の一つです。関東平野を貫く利根川(坂東太郎)、九州の大河である筑後川（筑紫次郎）とならんで、四国三郎の異名を持ち、中央構造線の真上を西から東へ流れています（三兄弟の順番については、少し議論があるようです。誰もがふるさとの川や山を一番だと思いたいのでしょうね）。流域に住む住民は、この川を高い堤防で抑え込むことをせず、共存する道を選んだようです。古くから、源流地帯への植林や、石囲いで住居を囲んで水害から守ったり、石垣を積み上げて住居をかさ上げしたりする工法で水害と共存する方法を選んできました。

吉野川の堤防があえて低く造られていた理由は、流域が藍の産地だからです。藍は、藍染めの染料につかわれる植物ですが、一度栽培すると地力がガクンと落ちます。そこで、年に一度、吉野川の洪水を畑に導き、肥沃な土砂が畑にたまるように仕向けたというのです。あえてハードのレベルを下げたのです。

一方、家屋の軒先に船をつるしていつでも避難できるようにするなど、水と共存する防災の知恵も発達しました。これは素晴らしい防災のソフトといえるでしょう。

吉野川という一本の流れをテーマにして、歴史、植林などの環境保全、藍染め、堤防や家屋の構造など、様々な学習が可能です。

このように、自然と社会、ハードとソフトが見事に作用しあった防災を学ぶことは、子どもたちの総合的な知識を育てます。科目に細切れにされた知識ではなく、理科も、社会も他の科目も、災害と生きる中ではつながっているという実感がわくのではないでしょうか。

防災教育では、ハザード、災害対応、社会構造の三要素を、相互の関係を示して取り上げてください。

3　防災教育の三つの目的

Survivorとなるための防災教育

「Survivorとなるための防災教育」「Supporterとなるための防災教育」「市民力を育む防災教育」という考え方は、私が『夢みる防災教育』(晃洋書房)の中で初めて提唱したものです。災害時に人が被災地と被災地の外でどのような行動をとるかを考え、それによって防災教育を分類したものです(当時は、「被災地外」と呼んでいました。今は「未災地」と呼んでいます)。

被災地では、まず自分の命を守る行動をとります。正しく行動するためには知識や技能と応用力が必要です。地震から身を守るためには、机の下に隠れろと言われます。しかし、机の下に隠れて命を落とした人もいます。机の上に家そのものが落ちてきたからです。机の下に隠れるのは、その建物の耐震化が前提となります。また、机の下に隠れて頭を抱えて守っていては、机が揺れてどこかに行ってしまいます。机の脚をしっかりと持つことも知っておかなければなりません。

机の下に隠れるのはなぜなのかといった理屈も知っておく必要があります。そうすれば、机のない場所でも、同じ目的のために何をしたらいいかを考えることができるからです。応用力を発揮するには、理論的納得が必要です。

防災教育の時間に、子どもたちと部屋の危険を探す活動をしてはいかがでしょうか。一日のうち一番長い時間を過ごす自分の部屋の見取り図を描いて、その危険個所に×印を付けてその理由を書き出していくのです。電灯や割れた電球、棚の上の置物、テレビ、箪笥、本棚などの重量物、鏡、窓ガラス、壁の高所に設置されたエアコンなど、子どもたちは様々な危険を指摘するでしょう。しかし、それらのすべてを記憶しておくことは不可能です。

そこで、これらの危険物を三つに分類して覚えるのです。それは「落ちてくるから危ない」「倒れてくるから危ない」「割れるから危ない」です。これさえ記憶しておけば、どこにいても、危険個所を瞬時に発見して、そこから身体を離して身の安全を図ることができます。これが応用力です。

部屋の危険個所を考えると、災害から身を守るには、対応だけでは不十分であることがわかり、備えの大切さに行きつきます。ハザード別に備えの方法を学び、実際に備えておくことも、生き残るために必要な教育です。そしてこれらの学習を発達段階別に整理すると防災教育の核となる体系が出来上がります。

水害を例にとりましょう。

水害では、早期避難が重要です。テレビやインターネットで気象情報を集め、風雨の動向を見極め、できるだけ早い時間に安全な場所に避難することが大切です。避難勧告や避難命令が出るのを待つのではなく、出る前に動き出すのです。行政からの避難勧告や避難命令に頼り切っていると、万一それが遅れた場合(そういうことはありうることです)、重大な事態が発生してしまいます。

自分で気象情報を収集し、正しく判断するためには、ある程度の気象の知識と防災の知識が必要です。いつ逃げ出せばいいのか、どのように逃げればいいのかを、過去の被害事例から学んでおくことが大切です。

洪水だけではなく、土石流やがけ崩れ、地滑りなど、水に起因する土砂災害についても、発生メカニズムを学び、その予兆を熟知しておくことは、災害を生き残るための知恵といえるでしょう。

最後に、あえて不謹慎な言い方をすれば、多くの人は「たまたま」災害を生き残ります。この偶然性を排して、適切な備えと臨機応変の判断力で主体的に生き残る人を増やしていくのが、「Survivorとなるための防災教育」の目的なのです。

Supporterとなるための防災教育

被災地で自分の命が助かった後、人はどんな行動をとるでしょうか。

家族や近所の人が危険に直面していたら、助けます。阪神・淡路大震災の時は、自衛隊や消防隊の救助が来る前に、市民が市民を素手で掘り起こして救助しました。けが人の手当てや搬送にも多くの市民があたりました。救出・救助の技術を持ち、専用の資機材を持った市民が救助にあたり、けがの手当てや心肺蘇生、ＡＥＤの知識を持つ市民がけが人の対応をすれば、助かる人はもっと増えるはずです。被災地では、一人でも多くの命を救いたかったというあの時の悔いがその後の防災教育に活かされています。

救出・救助は時間との闘いです。日を追って生存救出率は低下します。一方で、助かった人々は避難所に身を寄せ、限られた食料や水を分け合い、汚れたトイレや狭くてプライバシーのないスペースを我慢しながら生活することになります。この時、被災地にいる被災程度の軽い被災者が、被災程度の重い被災者を支援します。また、遠くから駆け付けたボランティアも、社会福祉協議会や災害ＮＰＯのもと被災者の支援にあたります。

阪神・淡路大震災では、ボランティアの七割はボランティア初体験で、七割が若者で、七割が県外からの参加者だといわれています（林春男『率先市民主義』（晃洋書房））。被災地の地理に不案内で、やる気はあるが経験不足の若者が大挙して被災地に押しかけたのです。彼らは三日も活動すれば、立派なボランティアとして独り立ちしていったといいます。

しかし、ボランティアに関わる人々が、ボランティアについての教育を受け、過去の災害の課題を学んでいたとしたら、支援の様相はもっと変わってくるはずです。ボランティアの心構えと基本的なルール、してはならないこととその理由、一方通行の支援がもたらす弊害と自立を援助することの大切さ、つらい体験をした人の心の動きなど、様々な分野を防災教育に取り入れることが、より良い支援につながるのです。

被災地に駆けつけることができない人もたくさんいます。行きたいけど行けない人の多くが、街頭の募金箱にいくらかの額を入れます。集まったお金は、どこでどのように使われるのでしょうか。災害大国に住む市民として、善意で使われるはずだという思い込みだけでは済ませたくない問題です。お金の流れを知り、実際に義援金を受け取った被災者の声を知ることが、より良い支援の発想につながっていくかもしれません。

物を送る場合もあります。阪神・淡路大震災の時、送られてきた古着に怒る人がいる一方で、すべてが燃えてしまったから古着でもうれしいという人がいました。

被災地で、救援物資の担当をしていた行政の方やＮＰＯ関係者に話を聞くと、物が被災地を困らせた実態が見えてきます。

被災地の処理能力を超えて大量に送られてくる救援物資の保管場所に困ったこと、同じものばかり送られてきて余ってしまったこと、一つの段ボール箱に様々な物資が詰め込まれていてそのままでは配布できないので多くの人を動員して分別するのに時間をとられたこと、救援物資を満載したトラックが夜中に到着して、荷物おろしをさせられたことなど、救援物資が被災地を苦しめたようです。

手紙やメッセージなどの励ましを送ることもよくあります。「がんばろう」や「絆」は支援の象徴的な言葉として、イベントのキャッチフレーズとなり、テレビや新聞だけではなく、ステッカー、タオル、スポーツ選手のユニフォームにプリントされ、トラックやバスの横断幕になっています。

励ましの言葉を送った側は、何とかしたいという自分の気持ちを表します。自分が中心となって言葉を集めて送ることもあるし、誰かの呼びかけに一人の参加者として言葉を書き込むこともあるでしょう。企業が呼びかけ、タレントが呼びかけ、学校の生徒会が呼びかけ、いろんな団体が主催者となって、言葉を集めます。

そして、受け取る側は喜んでくれるはずだと疑いもなく思い込んでいます。

送った側はいいことをしたと満足していますが、受け取った側がどのような気持ちになるかは、あまり知られていないのではないでしょうか。

私が言いたいのは、「絆」や「がんばろう」は役に立たないということではありません。受け取る側は揺れているということです。少なくとも、一方的な「絆」の押しつけや、「がんばろう」の合唱は、時と場合によっては被災者感情にそぐわないということも知っておく必要があります。

支援の形は様々です。被災地に出向いて支援する人もいれば、被災地の外からお金や物を送る人もいます。どんな形の支援であっても、その活動が本当に被災者のためにならなければ、意味がありません。そのためにこそ、過去、現在進行形の災害の実態から謙虚に学ぶ必要があるのです。

これが「supporter となるための防災教育」です。過去の成功事例を引き継ぎ、新たな状況に合わせて修正し、過去の失敗事例を学び、その教訓を次の支援に活かすのです。

災害体験を学んで支援に活かす

中高生になると、支援者としての防災教育を、人としての生き方やあり方を考える教育と結びつけることができます。これは、兵庫県が震災後に始めたもので、私は、防災教育というよりは「**災害から学ぶ教育**」としてとらえています。

そしてこの「災害から学ぶ教育」は、「Supporter となるための防災教育」「市民力を育む防災教育」と強い関係があります。

被災地では、市民が市民をがれきの下から掘り出し、持つものが持たざる者に衣服を与え、毛布を与え、少ない食料を分け合い、様々な困難を協力して乗り越えていきます。被災者間での支援の中に、被災地の外からやってきた多くのボランティアが加わって、支援活動が展開されます。子どもたちに限ってみても、小学生が避難所新聞を発行して被災者を元気づけたり、高校生が避難所運営の中心的な役割を果たしたりしたという話はたくさんあります。

混乱する被災地で、人々がどのように支え合い、思いやりを交わし合って生きていったかを学ぶことは、学習した者の生き方に強いインパクトを与えます。

小田実は阪神・淡路大震災で被災し、その後の被災者生活再建支援法の制定に尽力した作家ですが、彼は「被災程度の小さい人が被災程度の大きい人を支援しろ」と言いました。小田実の活動を題材に、被災地での人の生き方、支援のあり方、災害に強い社会のあり方を学ぶのも、防災教育の一つです。その学習を被災者生活再建支援法の成立過程とその精神の学びにつないでいくことが可能です。被災者生活再建支援法の精神を掘り下げれば、それは単に災害で困っている人を支援するという発想ではなく、市民が元気な社会をどう維持するか、社会は本来どうあるべきかまで考えていくことになるのです。

どうも日本社会には、被災者が被災者の役割を演じることを期待する風潮があるようです。元気な被災者より、落ち込んでいる被災者を支援したいという考えを持つ人が多いようです。被災者は困っていなければならないと考える支援者がいるようです。

支援者は、被災者のために何でもやろうと考えてしまいます。その結果、被災者が元気をなくし、避難所でただぼーっと過ごしたり、支援慣れしてしまって、次にどんな支援がもらえるかだけを考えてしまうという実態が指摘されています。支援がもたらす弊害です。

能登半島地震の時、神戸から支援に行った人は、まず、避難所で寝ている人々にエプロンを渡し、一緒に掃除をしようと呼びかけたそうです。災害という非日常時に、被支援者としてじっとしていることに慣らされてしまっていた人々に、活動する人間としての役割を与え、日常の活動に戻ってもらうきっかけとしたのです。

インド洋大津波の被災地、スリランカの南部を訪れたとき、支援のあり方を考えさせられる出来事を目撃しました。ヨーロッパのＮＰＯの支援で建設された仮設住宅に、その支援を記した看板が設置されていました。その看板が、投石で壊されていたのです。

津波の被害に遭ったのは、カースト制度の下層に属する漁民でした。彼らは先進国の支援を受け、前に住んでいた住居よりもレベルの高い仮設住宅で生活することになりました。

一方、漁民よりも内陸に住み津波の被害を受けなかった人々がいます。カーストの順位は漁民より上だけれど、彼らが元から住む家は、新しく建設された仮設住宅よりも粗末でした。新しい仮設住宅に住む被災者は、内陸に住む貧しい人々の反感を買ったのだそうです。その結果が、看板への投石です。へこんだ看板は、経済力による支援の弊害を物語っています。

この地域で被災者を支援していた地元コロンボの労働組合と神戸のNPOは、漁民のグループに船を一艘贈りました。その船で漁に出て、生活を再建してほしいという願いからです。この活動をした人々から、象徴的な表現を教えてもらいました。「魚を持って行って食べなさいという支援ではなく、魚の取り方を教える支援が必要だ」という言葉です。

同じ地域で、漁民である夫を津波で亡くした女性たちがたくさんいました。支援者は、彼女らに無利子、無担保で生活再建のための事業費を融資し、併せて、コンピュータの学習支援をしました。

これらの支援の根底には、自立支援という哲学があります。

こういった支援の実際を具体的に学ばせる防災教育は、もはや生きるためのノウハウ教育ではなく、生き方を考える教育だと言えるでしょう。

市民力を育む防災教育

阪神・淡路大震災の被災地では、ほとんどの人が自分たちの住む地域には地震が起こらないと考えていました。

「神戸はいいよ。エキゾチックで、景色が良いし、何より地震がない」と、私たちはよく言っていました。

当然、備えなど皆無だったといっていいでしょう。そこに未曽有の大災害と呼ばれるあの大震災が発生しました。被災者にとって全く先の見えない状況であったはずです。しかし、被災地は着実に復興していきました。その原動力は何だったのでしょうか。

答えは、日頃の力の転用です。

災害に十分に備えていなかったために大きな被害を受けた私たちは、日常的に使っている力を災害からの回復にも発揮したのです。ライフラインの復旧や鉄道、道路網の復旧・復興を成し遂げるために、全国の技術者、工事関係者が駆け付けました。災害対応に特化した能力を訓練で獲得して災害時に発揮したのではなく、日常の仕事で必要とされる力を災害時にも発揮したのです。仮設住宅の建設、復興住宅の建設などもそうです。

学校が避難所になるのには理由があります。一つは、多くの人が一緒に過ごせる場所がそこしかないからです。学校は常に地域の中心にあり、学区で区分されて、学校同士はある程度距離を置いて存在しています。そういった便利な入れ物としての理由が一つ目です。

私はもう一つ、そこで働く人が、学校が避難所となる理由に大きく関係していると考えています。それは、教職員は避難所運営の仕事に適した能力を持っているという事実です。

教職員は、基本的には、名簿を作成する、他者への配慮のある生活を円滑に送るために食事や施設利用のルールを決める、指示を伝達するために的確な言葉を使う（しかもできれば大声で）、人の話を聞く、などの行為を日常的に行っています。その能力は避難所運営にも大変便利です。教職員は日常の能力を災害時の避難所運営に転用したのです。

ボランティアの人々が炊き出しをしました。大鍋を使って一〇〇人、一〇〇〇人の単位で料理します。普段、家族分の料理に慣れてきた主婦でも、こんな大規模な調理は手間取ります。そんな中、ある炊き出しのシーンで、山登りを趣味とする人々が活躍したそうです。日常的にその場にあるだけの機材を使い、調味料を何グラムなどといった細かいことを言わずに、大まかにどんと料理することに慣れていた山人は、大鍋に材料や調味料を放り込み、味見をして、辛ければ水を足し、薄ければ塩やみそ、しょうゆ、だしを加えて、その場合わせで料理を完成させていったのだそうです。支援の場面で日常の趣味が活用されたのです。

音楽を得意とする人が、避難所で心温まる演奏を披露しました。絵が得意な人は、避難所新聞の挿絵を描いて被災者を和ませたり、殺風景な避難所の壁に楽しい絵を描いて被災者を励ましたりしました。防災教育の実践の中には、特別支援学校の子どもたちが、避難所となる体育館のパーテーションを絵で飾る活動をしている事例もあります。

本を読むのが好きな中学生が、子どもたちに絵本を読み聞かせたり、サッカー好きの高校生が子どもたちとサッカーをして、ストレスの発散に一役買ったりと、好きなことを通して被災者を支援し、その回復を支援した事例はたくさんあります。

日常の力をゆたかに育てていくことが、災害時の支援に役立ち、災害からの回復にも大いに役立つのです。

「市民力を育む防災教育」とは、日常のゆたかな力を養い、それを災害時の支援活動に結び付けることなのです。

4章
語り継ぎ

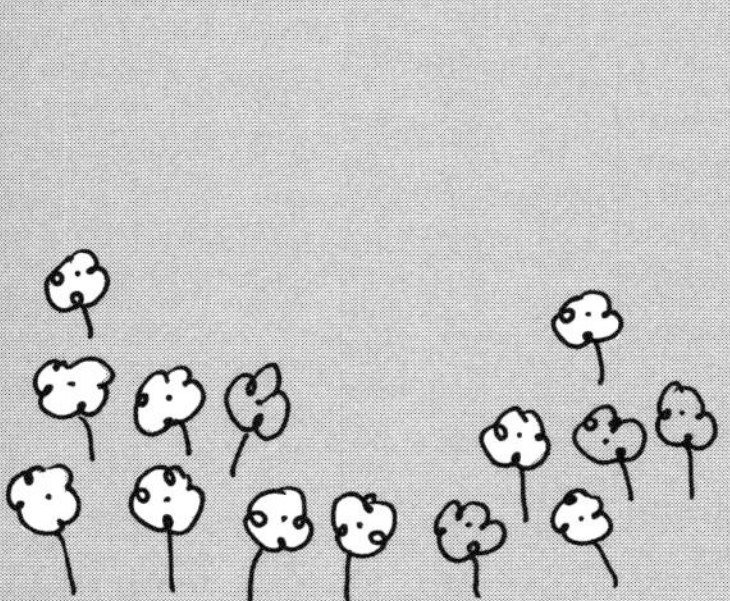

1　災害が伝える

自助・共助・公助の変化

災害の体験を語ることが次の災害への備えを促し、災害に強い社会を構築すると考えられたからでしょうか、阪神・淡路大震災の後、震災体験の継承と発信が強調されました。その後も災害が発生するたびに、様々な教訓が、被災者をはじめ被災地の行政、防災の専門家たちから未災地の人々や次の世代に向けて発信されてきました。

阪神・淡路大震災の後、急速に指摘されるようになった教訓に、自助・共助・公助があります。歴史的に見れば、もっと古くから使われていたようですが、災害に関係する言葉として市民の間でも認知されだしたのは、阪神・淡路大震災以降のことでしょう。

災害直後はまず自分で自分の命を守ることが大切です。そのために知識や技能を身につけておくことが、自助の基本となります。共助は、隣近所の助け合いを指します。公助は自衛隊や消防、警察による救出・救助やライフラインを支える会社による復旧活動、行政による支援活動を意味します。

私が防災教育に関わり始めたのは二〇〇〇年四月ですが、そのころは、自助・共助・公助の割合は、震災後しばらくの間は七対二対一だと教えられました。これは、災害後の命を守る活動は、七割は自分で、二割は助け合いで、つまり九割は自分たちで何とかしなければならないということを意味しています。

私は、自助・共助・公助の三つにきちんと分けてしまうことに違和感を持ったことがあります。それは、生徒たちと次の南海地震の大津波が襲うと考えられている徳島県美波町で、昭和南海大津波の体験を持つ高齢者夫婦の話を聞いていたときでした。

生徒の一人が、「もし今、地震が発生したらどうしますか」と尋ねました。

夫婦は高齢で、足腰が弱っていました。海に最も近いその家から、町が避難場所に指定している高台までは、若者が全力で走っても五分以上はかかりそうです。老夫婦では到底逃げ切れません。その老夫婦は生徒の質問を聞いた後、お互いに顔を見合わせてから生徒のほうに向き直り、ニコっと笑って、「しゃあないなあ(仕方ないね)」と言いました。

その時、私は気付いたのです。自助ができない人がたくさんいることに。それから、自助と共助は同時発生するものだと考えるようになりました。

自助、共助、公助ときちんと分類する考え方は、阪神・淡路大震災や東日本大震災のような大災害を受け、明らかに変化してきています。

平成二六年版防災白書では、「大規模広域災害時には、全ての倒壊現場に行政の救助隊が速やかに到着することが難しい。そこで、このような状況を前提として自助・共助の強化を図るべきであるといわれるようになった」と指摘しています。自助と共助を並列的に使用しています。白書の中で「公助の限界」という表現も使っています。

兵庫県神戸市の消防局が、阪神・淡路大震災の後、市民防災を掲げ、地域防災訓練や小学校での防災教育に力を入れだしたのも、公助の限界と自助・共助の重要性をその体験から痛いほど知っていたからでしょう。

災害の光と闇

人間一人ひとりが持つ力は、大自然の破壊力とは比べ物にならないほど小さいものです。人間はいつの時代も大災害に対して無力でした。揺れる地面が建物を破壊するとき、人々は壊れ落ちる建物から身を守るしかありませんでした。大火災が街を飲み込むとき、すべてが燃え尽きるのを待つしかありませんでした。大津波が押し寄せたとき、高台をめざして逃げるしかありませんでした。人間の歴史は、災害に繰り返し打ちのめされてきた歴史であったといえます。

しかし、人間は知恵を持っています。自然災害を天災とあきらめ、その圧倒的な破壊力をただ受け入れてきただけではありません。災害が社会を襲うたびに力を寄せ合って被災を乗り越え、新たな社会を再生させてきたのです。市民が市民の命を救い、食料や水、寝る場所を提供し、様々な支援の手を差し伸べあったのです。新たな秩序をつくり、法律をつくり、インフラを整備し、建物を建てなおし、社会を再生させてきたのです。単に元の状態に戻す復旧にとどまるのではなく、元のまちを超えた新たなまちづくりをめざして努力を重ねてきたのです。

災害時とその後の社会の再生の過程には、光もあれば闇もありました。

光を見る人は、人々の優しさ、思いやりを称賛し、復興の素晴らしさに感嘆の息を漏らしました。災害からの回復と新たな社会を創造する人間の知恵は、いつも語り継ぎの重要なテーマとして扱われてきました。

一方、災害の闇はどうでしょうか。

新潟県中越地震(二〇〇四)、中越沖地震(二〇〇七)のあと、被災地の行政と支援のＮＰＯ関係者が、「救援物資はもういらない」という冊子を出しました。

この冊子は、阪神・淡路大震災以降、多くの物資が被災地に送られるようになったけれども、一つのダンボールに雑多なものが入れられていたり、テレビニュースが伝えた不足物資だけが大量に送られたりして、被災地に混乱を招いた事実を指摘しています。過剰に送られたものの置き場に困り、お金のない被災地の行政がお金を払って倉庫を借りたりする事態も発生していました。このような事実が、防災教育の教材になることはまずありませんでした。教育は支援の素晴らしさや命の輝きといった光を好む傾向があります。闇を闇に葬る傾向があります。

そして今でも、東日本大震災の被災地に古着が大量に送られています。災害の体験を伝えるとき、こういった支援に困らされた事実もきちんと伝えておく必要があるのではないでしょうか。

光と闇は、どちらも災害の真相なのです。

災害を語り継ぐということは、光と闇の両方を後世に伝えることです。

災害大国日本の状況を考えると、未来に伝えるだけではなく、同時代の未災地に広げる活動も必要です。災害の悲惨さとその中で生きた人々の強さと弱さ、優しさと醜さ、助け合いと身勝手さ、政策の成功と失敗を伝え広めていくことが、災害に強い社会を構築していく礎となるのです。

被災者の語りには、ともすれば家族や友人の死に対する悲嘆と逆境に負けないがんばりや、お互いに助け合う美しさが期待されてしまいます。しかし、それは未災者にとって都合の良い被災者像を、被災者に押し付けているだけでしかありません。大切なのは、彼ら、彼女らが、心の中にある戸惑いや不信、悲しさや怒り、未来への不安などを自然に吐き出し、聞く側の人がそれを自然に受け入れることができる環境づくりです。多くの人が期待するステレオタイプの語りではなく、本音を語る場が被災者には必要であり、未災者はその場にいて、個人的な思いにただ耳を傾ければいいのです。

作り出される風化

災害から月日が経過すると、必ず風化への懸念が語られます。特に災害発生から一年、二年、五年、一〇年といったまとまった年月が経過した時、あるいは、その災害が発生した時に生まれた世代が小学校に入学した時、中学校、高校に進んだ時、そして二〇歳になった時も、「直接体験していない人が増えた」「忘れてはならない」という言葉がテレビや新聞で決まり文句のように使われます。

メディアは、災害発生直後から総力取材で特集を組み、災害の規模、市民の困窮、行政の対応、支援情報などをニュースとして流します。しかし、時間が過ぎていくと、その量は徐々に減少していきます。ニュースとしての露出がだんだん減っていき、災害の記念日に向けての特集記事、特集番組しか組めなくなってしまいます。最先端のニュースを日々流し続けるメディアでは、過ぎ去った出来事は消えていく運命にあるのです。

市民の多くはテレビや新聞から情報を得ます。そのメディアがいつも新しいことを流し、過ぎ去ったことを扱わなくなっていくのだから、市民の関心が次の話題に移ってしまうのも仕方がないことなのかもしれません。

阪神・淡路大震災から二か月後、オウム真理教が引き起こした地下鉄サリン事件が、テレビと新聞を独占しました。このことは、被災地以外の人々の視界から、阪神・淡路大震災が一気に消え去ったことを意味しています。たった二か月で、震災は未災地に住む人々の関心事ではなくなってしまったのです。

最新のニュースを伝えようとするメディアが風化を作り出している面があります。風化はこのように人為的に作り出される部分があると、私は考えています。

災害体験の記憶は、テレビや新聞などのマスメディアだけが伝えるのではなく、もっと別の形でも次の世代に残していかなければなりません。

結論を言えば、それは教育が果たすべき役割なのです。

社会からの風化を食い止める

東北の沿岸部では、内陸部と比べて津波への意識が高く、防災訓練も多く行われていたようです。それは、地域の記憶の中に、沿岸地域を繰り返し襲った津波が刻み込まれているからにほかなりません。そういう意味では、災害にさらされている地域では、風化のスピードは、未災地と比べるとゆっくりとしているともいえます。**被災地の記憶**が風化を食い止めているのです。

その災害を直接体験した人がいなくなった時が風化してしまった時だと考えれば、風化は必ずあります。それは、体験者が全員亡くなった時です。

ほとんどの人間は一〇〇歳を超えて生きていくことはできません。言い換えれば、一〇〇年経てば、直接体験者がいなくなるという意味では、災害体験は完全に風化するのです。人間という個人が災害体験を持ち続け、発信し続けることは、長くても七〇年、八〇年しかないのです。

直接体験者がいなくても、社会がその体験を受け継いでいれば、風化が防げるという考え方もあります。しかし、その社会が持つ記憶も、年月の経過とともに、薄れていきます。社会が個人の有機的な集合体である以上、個人の関心が薄まれば、社会の関心も薄くなることは仕方がないことです。

そして社会から関心が薄れてしまうことが、防災上の課題を引き起こします。

災害に対する記憶のない社会では、当然、災害への意識が低く、その結果、備えようという意識はほとんど働きません。備えのない社会は、災害に対して弱くなります。

社会からの風化が被害の拡大に直結するならば、そうならないための工夫が必要です。

一つの工夫は、地域での語り継ぎ、民族での伝承です。

例えば、インド洋大津波の時、タイ北部に住むモーケン族という海洋民族は、いち早く山に避難して無事だったといいます。先祖から、海に変化があれば山に登れと言い伝えられていたからです。

インドネシアのバンダアチェの沖にあるシムル島は大津波に襲われましたが、死者は七人だけだったと報告されています。子守唄に過去の津波が歌いこまれており、日々、母から子に伝えられたその歌が、津波避難を促す防災教育の役割を果たしていたのです。

このような伝承を文化として市民の中にどれだけ残せるかが、災害への対応力を左右します。風化を食い止めるもう一つの工夫は、防災教育です。市民一人ひとりが、その地域に固有の災害を学校で学び、その対処法を知っておくことです。教育は、文化の一つです。しかも、すべての子どもたちが集まる学校で組織的に行われます。そのカリキュラムの中に防災が取り入れられれば、災害への備えや災害時の対応力、そして災害からの回復力が格段に高まるはずです。

都市部では地域のつながりが希薄になってきたと言われています。マスメディアは新しい情報を発信し続け、人々はそのスピードについていくのがやっとです。自分に関係のなかった災害の教訓を、落ち着いて吟味するゆとりはありません。だからこそ、災害の教訓や災害対応の方法をじっくりと学べる学校教育が重要なのです。

阪神・淡路大震災の被災地で、災害発生から一〇年以上を経過して、被災者責任での語り継ぎの必要性が指摘され始めました。社会の防災力を高めるためには、被害を発生させたメカニズムを知り、備えと災害対応の成功と失敗を具体的に検証し、その結果を次の災害の備えと対応に活かす必要があるからです。

そのために必要な体験を具体的に語ることができるのは、被災者しかいません。だからこそ、被災者には、たとえ辛くても自分の体験を語り継ぐ使命があると考えられるようになってきたのではないでしょうか。

被災体験の語り継ぎが社会に貢献するのです。私はこれを語り継ぎが持つ「**社会的な意味**」と呼んでいます。

被災者の記憶と未災者の風化

風化に対する感情は、被災者と未災者では違います。被災地には、風化という言葉に対して違和感を持つ人がいます。

舞子高校環境防災科では、外部講師に震災に関する授業を依頼することがよくありました。講師の先生方は、生徒たちに阪神・淡路大震災当時の年齢を聞き、「幼稚園児なら覚えていないよね」とか、「昔のことだからもう忘れたよね」といった言い方をよくしました。生徒たちはこの言葉に違和感を持ったようです。「私だって覚えているよ」「忘れたくても忘れられない」といった感想を、後でよく聞かされました。

中学三年生で東日本大震災を体験したある女子生徒は、大学生になった今、こう言っています。「風化は災害から遠い人が感じること。あの体験を、私たち体験者が忘れることは絶対にない」

彼女は、災害体験は月日が経過すれば風化していくものだと、体験しなかった人が決めつけていることに、怒りと悲しさ、やるせなさを感じているのではないでしょうか。自分は忘れたくないし、忘れられないという思いをわかってほしいと訴えているのではないでしょうか。いや、もう、わかってもらうことをあきらめてしまっているのかもしれません。

多くの人々は、災害があって被災者がいるという事実が人々の記憶から消え去ってしまう時がやってくるのを被災者が恐れていると、考えています。だから、被災者を忘れるな、被災地を忘れるな、災害体験を風化させるなと説きます。

もちろん、被災地には、自分たちの存在が未災地の人々の心から忘れ去られることを心配し、悲しんでいる人はたくさんいます。風化を止めなければという願いを持っている人はたくさんいます。彼らが危惧しているのは、未災者の記憶から自分たちの存在が薄れていくことです。被災者である自分たちが、あの災害の体験を忘れていくと言っているのではありません。そこを多くの人は理解できていないのかもしれません。

忘れたくても忘れられない人々に、気軽に風化という言葉を使うべきではないと思います。少なくとも、風化という言葉を使うときには、忘れられない人々が存在することも忘れないでいたいと思います。

「社会的な意味」と「個人的な意味」

災害体験を語り継ぐ必要がある理由の一つは、体験談を聞いた人が災害への備えの重要性に気付き、次に起こるかもしれない災害に対して実効性のある備えをすること、そしてその個々の防災力が集まって社会の防災力を高めていくことです。阪神・淡路大震災の被災地で、被災者責任という言葉で災害体験の語り継ぎの必要性が指摘されているのも、この語りが持つ「社会的な意味」に着目しているからです。

災害時の失敗と成功の集積はより良い備えの材料になります。災害という敵を知ることが、防災という守備を固めることにつながります。災害体験の語り継ぎが社会貢献と考えられるのは当然でしょう。

しかし、災害体験を語ることには、もう一つ大きな意味があります。それは、自分の災害体験と向き合うことにつながるということです。阪神・淡路大震災で小学生の子どもを亡くした母親は、こう語っています。

「震災からずっと、私は語り部の活動をしてきた。亡くした子どもと同年代の子どもたちに、娘がかわいそうだ、やりたいことがいっぱいあったのに、あの地震でできなくなった娘がかわいそうだ、と語り続けてきた。でも、一〇年経ったころから違うことを思うようになった。実は、私は、『娘を亡くした私がかわいそうだ』ということをずっと言いたかったことに気が付いた」

彼女は、自分の災害体験を語り、考え、語り直し、考え直す作業を繰り返し、自分の悲しい体験を整理していったのです。その営みは今後もずっと続いていくでしょう。

災害体験を語るということは、自分の災害体験と向き合うことと同義です。災害体験を受け入れていくきっかけとなります。しかし、その行為は激しい心の痛みを伴うかもしれません。社会貢献になるから語れと強制されても、語れない、語りたくないことがあります。それでも語られる心の叫びの中に、社会貢献や道徳的価値を見出すだけではなく、このような「**個人的な意味**」もあることを、私たちは忘れてはならないと思います。

今、東日本大震災の被災地で、若者たちが自分の体験を語り始めていますが、私には一つだけ心配なことがあります。

体験談の聞き手は、彼ら、彼女らの語りに「社会的な意味」だけを求め、防災の救世主に祭り上げようとしているのではないでしょうか。語り手自身も「社会的な意味」を伝えようと努力することで、世間が受け入れやすいストーリーをつくって語り聞かせ、その結果、自分の心にある「個人的な意味」と向き合う機会を失いかけてはいないでしょうか。

もちろんこれは、語り手の責任ではありません。語りに過度な「社会的な意味」を押し付けようとする聞き手が引き起こしている悲劇です。

私は、子どもたちが災害を語り合う場をつくるときには、語り継ぎの二つの意味、「社会的な意味」と「個人的な意味」、を絶えず忘れないでいたいと思います。

2　防災教育活動と語り継ぎ

環境防災科での「語り継ぐ」活動

舞子高校環境防災科は、二〇〇二年四月にスタートしました。私は環境防災科の科長として、全国初の防災教育専門学科の立ち上げから、その後の一二年間にわたる実践に関わってきました。その間、「語り継ぎ」をテーマにした研究を意図的に行ってきたわけではありませんが、「語り継ぎ」の意味を考え続ける立場に居続けました。

環境防災科は、震災体験の継承と発信を使命の一つとして設置され、防災関係者、被災体験者の期待を背負ってきました。教育活動の中でとりくんできた「語り継ぎ」に関わる活動には、以下の実践があります。

①自らの震災体験を記録する「語り継ぐ」を書く。
②「ユース震災語り部」のＤＶＤを作成し、防災授業で活用する。
③授業に被災者・支援者を招き体験を聞く。
④被災地での災害ボランティア活動、中・長期的支援活動、交流の体験を授業に取り入れる。
⑤被災地、未災地の若者が集まって語り合うワークショップを開き、交流を促進する。

以下では、これらの活動がどのような意味を持っていたのかを考えていきたいと思います。

「語り継ぐ」

環境防災科の一期生は、阪神・淡路大震災が発生した時、小学校二年生でした。彼ら、彼女らの体験を残すことが大切だと漠然と考えた私は、三年生の一学期の授業で自分の震災体験を書かせることにしました。当時は、体験を文章化する作業が持つ意味、効果を考えていたわけではありません。何故かわからないけれど、震災体験を残さなければならないという焦燥感にとらわれていたような記憶があります。

六〇〇〇字から七〇〇〇字を義務付けました。高校生が書く量としてはかなり多いはずです。震災から九年経っており、記憶はあいまいかもしれません。生徒たちは、自分の記憶の糸を手繰り寄せ、ぼんやりとしか浮かんでこない映像を、親に話を聞いて鮮明にしながら、体験を書き上げました。

一読して驚いたのは、生徒たちの記憶の鮮明さと体験の多様性です。環境防災科の授業に登壇してくださる外部講師の中には、「君たちは当時小学生だから、あまり覚えていないかもしれないね」という人が少なからずいました。しかし生徒たちの文章を読むと、その発言が間違いであることがわかります。生徒たちの被災の記憶には形があり、動きがあり、色があり、匂いがあり、温かみがあり、寒さがありました。

建物の下敷きになって亡くなった母の亡骸《なきがら》は、手と足がちぎれて、顔がパンパンにはれてかわいそうでした。

大阪の祖父の家に逃げて、最初に連れて行ってもらった店で食べたお寿司は、自分の人生の中で一番おいしい味でした。

姫路の祖母の家で、流しの前で水が出るかどうか心配する自分を、祖母が抱き上げてくれました。蛇口をひねると水がほとばしり出て、びっくりしました。

テレビの、死者の名前を流し続けるテロップで同級生の名前を見つけました。母が、別の子どもの母親と職員室の入り口でその子が死んでしまった話をして、号泣していました。その時、死の意味を考えました。

鹿児島に疎開したら新聞記事になりました。その日におもちゃを買いに行ったら、その記事を読んでいた店の主人にプラモデルをもらいました。

建物の下敷きになり、記憶しているのは家族の名前を呼び合う声と、助け出されたときに見た血だらけの母の顔だけです。

地震を生き延びた祖父は、引っ越して、仕事で使うタクシーを家の中にある車庫に入れていました。ある日、エンジンをつけっぱなしにして寝てしまい、一酸化炭素中毒で亡くなりました。

せっかく地震を生き延びたのに、こんなことで死んでしまうなんて、残念で仕方ありません。公園に逃げて、東の方の空が真っ赤になっているのを眺めていました。自分の手を強く握っている母の手を通して、大変なことが起こっているのだと実感しました。

仮設住宅に住む祖父は、夜中に暴れていると祖母に聞かされました。そんな記憶はないのだけれど、祖母に迷惑をかけないように、夜になると自分の体を柱にくくりつけて寝ていたそうです。

生徒たちの体験談には、多くの人々が災害体験記に期待するような、悲惨さだけが表現されているわけではありませんでした。災害体験の語りではともすれば不謹慎と思われがちな楽しさや面白さ、それから、日常の、見落としてしまいそうなちょっとした行動や思いも生き生きと描かれていました。

災害はすべての年齢の人に被害を与えます。辛いこともうれしいことも引き起こします。教育的な価値が高いとか、授業で扱いやすいとか、悲しい話こそ災害を伝えるのにふさわしいとかいった理由で、様々な体験の悲しい部分、教育的価値を与えやすい部分だけが抜き取られて語り継がれていくとしたら、それは、災害の全体像を伝えることにはなりません。

災害を外から見ている人が災害に対して持っているイメージに合わせるために、ある一部分だけが語り継がれていくとしたら、それは、森の中の一本の木だけを見て、森全体を理解した気になっているという古典的な比喩そのものになってしまいます。

語り継ぎには「社会的な意味」と「個人的な意味」があることはすでに何度か述べました。生徒たちの文章を読み、災害時に子どもたちがおかれる状況を理解した大人たちは、子どもたちを守る方策を考えるでしょう。そしてより安全な社会を作り上げていこうとします。これが「社会的な意味」です。

生徒たちは、授業で災害体験を書くという大変な課題を強制され、体験を必死で思い出して、書きました。その過程で、親と初めて震災について語り合いました。自分がいかに親に守られていたかを知りました。母や父、兄弟姉妹、祖父母、クラスメートの死と向き合いました。辛い思いを振り返りながら、その死の意味を考え、その事実と向き合い、受け入れていこうともがきました。そして、災害体験を振り返っている今の自分が、これからもっと学び、もっといろいろな体験をし、成長して、未来を生きている姿を想像して、描き出しました。

語り継ぎの「個人的な意味」がここにあります。

舞子高校のホームページには、一期生(震災当時小学校二年生)から一〇期生(震災当時〇歳児)まで、四〇〇人近い子どもたちの震災体験が集められています。貴重な資料だと思います。稚拙な文章もあります。こなれていない文章がほとんどで、読みづらいと感じる人がいるかもしれません。でも、なぜか心に響く文章があります。ぜひご一読ください。

環境防災科の卒業生が、被災地支援や防災教育にとりくむための団体「with」を発足させました。活動の一つとして、生徒たちが書き溜めた「語り継ぐ」のアンソロジー化にとりくみました。彼らは、四〇〇人近い卒業生が書き残した大量の体験談を読み直し、多様なテーマごとに文章を選び出し、冊子にしました。冊子に収録した体験を使って防災教育の教材と指導案を考え、実際に授業で使ってもらったようです。

災害のミッシングリンク

語り部のほとんどは大人です。なぜ、語り部は大人なのでしょうか。

大人は、大人の時に災害を体験して、その体験の意味を考える力を、子どもよりも持っています。自分の体験を系統化する力があります。もちろん、辛くて語れない人がたくさんいることも、承知しています。ここでいう大人とは、語れる大人のことです。

多くの大人が、社会に貢献したいという気持ちを強く持っています。仕事から引退していれば、時間にゆとりがあって語り部活動をする時間も作れます。

だから語り部のほとんどが大人なのだと思います。

大人の語り部の話は、災害時の体験をもとに、うまくいったこととうまくいかなかったことを的確に分析し、次の災害への備えを明確に示してくれます。失われた命が生きてきた人生や突然失われてしまった未来の尊さを聞き手に伝えながら、命の大切さ、今を大切に生きることの尊さ、助け合いや思いやりの素晴らしさを教えてくれます。語り部の語りは、社会的な意味を持ち、教育的価値を持っているのです。

このような語り部の語りが極めて貴重であることを認めながらも、一方で、私は物足りなさも感じます。

それは、語り部の紹介する体験談のほとんどが大人の体験であり、分析や教訓のほとんどが大人の視点であるということ、つまり、子ども不在という物足りなさです。災害時に子どもたちがどんな体験をし、何を恐れ、何に救われ、何を考え、将来に何を引き継ごうとしているのかが、わからないのです。高齢者から壮年、中年、青年へと語りの輪がつながっていって災害体験の全体像を構成しているのですが、そこから子どもの輪だけが抜け落ちているのです。語り継ぎのミッシングリンクと呼んでいいでしょう。

子どもの体験が欠落し、大人の体験だけが語られる状態を、教室で語り部の話を聞く子どもの視点に立って考えれば、特定の価値を一方的に押し付けられているような感覚を持つかもしれません。まだ大人の生活を知らず、仕事上の様々な体験を持たない子どもたちが、大人の災害体験を理解するには困難な場面もあるでしょう。

災害後、体験を作文に書かせる授業が行われてきました。阪神・淡路大震災の時は、学用品が火災で焼失した子どもたちに、全国からノートと鉛筆が届きました。それらを使って、災害体験を書き残す授業が行われ、読む人の心に響く作文や詩が残されています。教職員が組織する国語部会や学校独自で、その貴重な体験記録を本や冊子にまとめています。ただ、残念ながら、発行部数が少なく、年月も経過していることから、防災教育に使いたいと考える人がいつでも活用できるわけではありません。

「語り継ぐ」は、子どもの体験を高校生の言葉で綴っています。

阪神・淡路大震災から二〇年経っています。語り部が高齢化して語り継ぐ人がいなくなっていくと嘆くのではなく、大人になった当時の子どもが、大人の言葉で自分の震災体験を語ればいいのです。「語り継ぐ」はその方向を示す実践事例だと思ってください。

ユース震災語り部

震災から一五年ほど経ったとき、読売テレビと人と防災未来センター、舞子高校環境防災科が協力して、「ユース震災語り部」を作成しました。震災当時三歳から一八歳までの子ども、若者合計二七人に自分の体験を語ってもらい、ＤＶＤにまとめたものです。防災教育の教材として使いやすいように、二七人の語りを一人五分程度にまとめています。被災当時の年齢や語りの内容で検索できる工夫もしました。

震災で父を亡くし、小学校の先生から悲しいでしょうと声をかけられ、悲しくないと反発した女の子。

震災のためにある私立高校の入試が実施できず、入試なしで入学したことを、震災ラッキーと表現する男子生徒。

祖母が避難所のトイレ掃除を黙々としていた事実を知ってなんとなくうれしく思った女の子。

阪神・淡路大震災では被害を受けることなく何も感じなかったが、新潟県中越地震(二〇〇四)の被災地にみんなで集めた募金をもって行き、避難所に入った時に心が騒ぐ不思議な感覚にとらわれた男子高校生。

大学受験に集中していて何一つ支援らしいことをしなかったので、今は人の役に立ちたいと思って、臨床心理士の資格取得を目指して勉強をしている男性。

そういった二七通りの体験と二七通りの考え方が、DVDの中に収められています。

このDVDは、多くの人にもらっていただきました。正確には、私が講師を務めた防災教育の講演会でDVDを紹介し、防災の授業で使ってくれると確約してくれる人だけを対象に、手渡ししました。

防災の講演会では、多くの資料が用意され、ほとんどの参加者がそれらを大切に持ち帰ります。ところが、それらは、職員室に持ち込まれた瞬間から、デッドストックされる運命にあるのです。まず、活用してもらえません。DVDの数には限りがあります。一生懸命の語りが収録されています。必ず使うという人限定でもらっていただきました。

いろいろな反応が寄せられました。DVDには淡々と語る語り手しか出てきません。被災の映像があったほうが良いという指摘がありました。でも、真摯《しんし》な語りの背景にそんな映像は不要だと回答しました。映像の中の若い語り部は、用意した原稿を読んでいるのではありません。カメラの横に座って彼らの話を聞いていた私に向かって、静かに語りかけてくれたのです。その一人ひとりの語りに耳を傾けてほしいとお願いしました。

一方、二七人の多様な語りは授業で使いやすかった、という評価もありました。

子どもたちが興味を持つ内容は、それぞれ違います。ある話には無関心な子どもが、別の話には興味を持ちます。自分が興味を持った話をきっかけにして、震災を考え始めてくれるかもしれません。

DVDに収録されている語りには、死や命、助け合いといったテーマが強く打ち出されている語りがあります。教師が好むテーマです。授業ではその語りばかりが使われるのではないかと思っていましたが、実際は違っていました。例えば、学年の教師全員でDVDを見て、自分が授業で使いたい語りを選んだところ、全員が違った話を選んだ学校があったそうです。

災害の語りには、死や命、助け合い、思いやりといった道徳の授業で扱いやすい価値だけではなく、災害時には不謹慎と思われがちな楽しさ、面白さなども含まれるべきだという私の感覚が、あながち的外れではないことを、彼らの報告は教えてくれました。

外部講師との出会い

防災教育では、災害の体験者や消防、市役所の危機管理室の担当者、災害ＮＰＯ関係者らを招いて講演会をするケースがよくあります。

環境防災科の授業でも、被災体験を持つ人を講師に招いた授業を多く取り入れてきました。消防や自衛隊、ＮＰＯといった支援する側に立つ人たちや、被災体験者、つまり支援される側の人々を講師に招いてきました。

防災を専門に学ぶ生徒にとって、外部講師の授業は防災に関する知識を学べる貴重な場であるだけではなく、講師の話に影響を受け、将来、専門的に学んでみたいと思える分野と出会う機会でもあります。防災に関わる様々な分野との出会いは、子どもたちの学びの間口を広げます。自分の好きな分野も防災とかかわりがあることを知れば、防災が身近なものになります。そして、講師を招いて話をしてもらうという学習スタイルは、どこの学校でも容易に実践できます。

外部講師の授業は、防災の知恵を教えてくれるだけではありません。災害に立ち向かう人間の生き様を伝えてくれることもあります。舞子高校での授業では、予期せぬ出会いもありました。

ある生徒は、震災で母を失いました。中学の教師の勧めで環境防災科に入学しましたが、毎日の授業は母を殺した震災の話ばかりで、辛くて学校をやめようと思っていたようです。入学して一か月が過ぎたころ、消防署の副署長が講師としてやってきました。神戸市の消防が震災当時どんな活動をしたか、課題は何か、その課題を解決するために、現在どのようなとりくみを行っているかを、むしろ淡々と説明してくれました。

その副署長が、急に泣き出したのです。それは、震災時に自分がレスキュー隊の隊長として救助に当たっていた、五階部分がつぶれてしまった病院で、一人だけ、助け出すことが出来なかったと話したときでした。大粒の涙を流し、嗚咽しながら、言葉を搾り出しました。

その一人とは、学校をやめようと思っていた生徒の母親でした。彼女は、この時、母を助けるために一生懸命に活動してくれた人々がいたこと、そしてその人が、震災から七年経っても、母のために涙を流してくれることを知って、学校をやめることを、思いとどまったのです。もう少し、震災と向き合ってみようと思ったのだそうです。

この出会いは、計算されたものではありません。全くの偶然です。その偶然の出会いが、一人の生徒の人生を変えたといってもいいでしょう。彼女はそれから、震災と向き合い、母の死と向き合いました。

震災メモリアル行事「阪神・淡路大震災を忘れない～21世紀を担う私たちの使命～」という、全校生徒が参加する震災の追悼・学習会で一〇〇〇人の前で母の死を語りました。自分の震災体験を紹介し、その中でたった一言だけれども、「私は震災で母を亡くしました」と語りました。そこに至るまでに、なぜ自分が語らなければならないのかを自問し、やっぱり語るのをやめようと思い、友達に相談し、語り合い、思い直し、母の死のすべてを父に聞き、原稿を書き、消し、書き直しました。そして、語りました。

三年生になり、自分の震災体験を文章に書きました。先に紹介した「語り継ぐ」です。彼女の文章には、震災体験と母の死が克明につづられています。環境防災科に進学して震災と向き合って、よかったと思う、と書いています。彼女は、私が転勤したとき、このような言葉を送ってくれました。

「震災の授業が本当に辛く、本気でやめるつもりでした。そのうえ、あなたは私の嫌がることを沢山させました。まんまと私はその作戦にはまり、苦手な人前で話す場に幾度となく借り出され……結果、そのことが私を大きく変えてくれました。感謝しています」

災害体験を語ることは、自分の体験と向き合う「個人的な意味」があると何度も指摘しました。彼女も、その「個人的な意味」と向き合い続けたのです。

もちろん、外部講師との出会いが、結果的にこのような語りにつながっていったのですが、私たち教職員に出来ることは、そういった誰かと出会える場所、何かと出会える場所を出来るだけたくさん作ることなのだと思います。

被災地の声、ボランティア体験

環境防災科の三学年が初めてそろった二〇〇四年、兵庫県では台風二三号による豪雨災害(一〇月二〇日)が発生し、新潟県では中越地震(一〇月二三日)が発生しました。台風二三号は地元の災害であり、生徒たちは「何かしたい」という気持ちを強く持っていました。ちょうど中間考査の中日の土曜日、日曜日でしたが、生徒と一緒に被災地へ行き、ボランティア活動を行いました。これが、環境防災科が被災地で災害ボランティアに従事した最初の体験です。

それ以降、大きな災害があると被災地を訪れ、災害ボランティア活動にとりくんでいます。そこで生徒たちは、被災者と出会い、様々な体験をしています。いくつか紹介します。

二〇〇七年三月、能登半島地震が発生しました。現地のNPOから人を介して連絡が入り、家庭から出たごみやがれき処理の労働力が不足しているから、元気な高校生を派遣してほしいとの要請がありました。生徒が集まり、四月の最初の土曜日と日曜日の二日間の日程で被災地に向かいました。

到着すると、仕事内容はがれき運搬からニーズ調査へと変わっていました。ボランティアセンターの指示に従って、被災地の家を一軒一軒回って、困っていること、助けてほしいことを聞き取っていく作業です。体力に自信がある生徒たちの中には、予定していた作業と違うことに少し不満を漏らす者もいましたが、大切な仕事であることを理解して、地域のお宅訪問を始めました。

あるグループの生徒が、ある家で、マニュアル通りにニーズを聞き取ろうとしたときのことでした。

「何か困ったことはありませんか」

「見ればわかるだろう。屋根が傾き、柱が曲がり、壁は落ちている。君たち高校生に何ができるというのか」

被災者の剣幕に押されながらも、ある女子生徒がこう切り返しました。

「私たちには何もできません。でも、あなたの話を一生懸命聞くことができます」

それからその家の主人は、一時間ほど、被災体験を語って聞かせてくれたそうです。聞く側の真剣さが、語る側の心を動かしたのかもしれません。

二〇〇九年八月九日、兵庫県西・北部を豪雨災害が襲いました。兵庫県内では、二一人が死亡し、一人が行方不明となりました。夏休みではありましたが、生徒たちから何かしたいという声が上がり、教職員が迅速に動いて、一三日、一四日、一八日、二〇日に災害ボランティアとして現地に行きました。

その初日の午前中に、ある団地の周辺を清掃していた生徒が、昼食時にこんな報告をしてくれました。

「自分たちがフェンスのごみを取っていると、小学生の女の子がこちらの様子をうかがっていました。声をかけても、最初は近づいて来ませんでした。それでも興味があるみたいで、私たちをじっと見ていました。何度か声をかけると、近づいてきてくれたので、一緒に作業しました。すぐに打ち解けて、楽しく仕事をしました」

その報告を聞いて、私は、そのグループには午後の作業をやめて、その子どもを誘って一緒に遊ぶようにと伝えました。生徒たちは、子どもと笑いながら田んぼのあぜ道を歩きました。その様子を見ていた小学校の校長や地域のお年寄りは、心が温まる思いだったと、後日、教えてくれました。

活動を終わらなければならない時間が近づき、子どもを家に送っていったときのことです。その子どもの父親が、生徒にこんな話をしたそうです。

「私は、もうこの町を出ようと思っていた。目立った産業はなく、人口は減るばかり。大きな水害もあって、もうここには住んでいることができない。出ていくことばかり考えていた。あの水害から今日まで子どもの笑顔を見たことがなかった。でも、今日、子どもがとてもいい笑顔で過ごしている。その笑顔を見て、もう一度この町でやり直したいと思えるようになった」

高校生はただ遊んだだけでした。でも、遊びが引き出した笑顔が大人の考えを変えたようです。過疎の被災地にとって、子どもの笑顔はかけがえのない宝なのでしょう。災害復興がどうあるべきか、考えさせられる出来事でした。

二〇一一年三月一一日、東日本大震災が発生しました。津波災害の特殊性やガソリンの不足から、ボランティアは軽々に動くべきではないという雰囲気が作られていました。自衛隊などの努力で現地の道路が切り開かれていくと、ボランティアが活動できるようになってきました。舞子高校は、四月六日から八日までの三日間、五月七日から六月三日までの四週間、災害ボランティアに行きました。その年の夏休みや翌年、翌々年の夏休みも、交流を主体とした訪問を続けてきました。

五月から六月にかけての四週間は、環境防災科の三年生が一週目、二年生が二週目、一年生が三週目、そして普通科から選抜されたチームが四週目を受け持ちました。学校から見れば四週間、生徒から見れば一週間の活動です。松島町の廃校となった小学校の体育館で寝泊まりし、自炊しながら、東松島市の被災地で家屋や畑、公園の泥かきに精を出しました。

一つの学校の生徒が同じ地区で継続的に活動を続けると、地域の人々の間に親しみも生まれるようです。作業する高校生の真摯な姿を自分の孫のような存在だと感じた被災者は、いろいろな話をしてくれました。そのほとんどが、悲惨な体験談でした。

「津波が来るので、走って逃げていると、ある家の前に子どもが立っていた。『津波が来るから逃げよう』と言うと、いやだという。『大好きなおばあさんがトイレに入っているから、一緒に逃げるのだ』と。もう時間がないからと腕をつかむと、その手を振り払って家の中に入ってしまった。あの子とおばあさんを殺したのは、私だ」

「家の前が黒い川となって車が流れていった。中から『助けて』という声が聞こえる。何もできなくて、『ごめんなさい』と叫んで、二階の窓を閉めて、部屋の中で手を合わせていた」

「小学校の体育館に逃げ込んだ。ハザードマップでは津波が来ない地域となっており、避難所指定されていた。体育館の四つの入り口から黒い水が入ってきて、中が洗濯機のようにまわりだした。泥水は二階のギャラリーに逃げた人の膝まで来ていた。渦の中で人が浮いたり沈んだりしていた。小さい子どもたちをごぼう抜きで助けた。体力のない老人が沈んでいった」

高校生と、避難している人たちが、週に一回、教室の廊下に車座になって一緒に鍋料理を楽しみました。その食事の輪から離れて、一人ぼっちで教室の椅子に座っている女性がいたのを見つけた女子生徒が話しかけました。その女性は、「みんなと一緒に食べましょう」と呼びかけた生徒に、「私は震災からずっと、地べたに座ってご飯を食べてきたから、椅子があるところでは絶対に地べたには座りたくない」と話したそうです。女子生徒は彼女の分をお碗によそって持っていき、一緒に食べました。

様々な被災体験を聞き、被災者との交流をした生徒たちは、毎晩、宿舎となっている体育館でミーティングを行いました。共同生活で発生する様々な不便さの改善策の話し合いと作業の手順の確認が一つの目的でした。毎晩のミーティングを経て、生徒たちの作業はどんどん効率的、機能的になっていきました。

ミーティングのもう一つの大切な目的は、聞いたり、見たり、体験したりしたことを出し合って、それを共有することでした。どう受け止め、どう向き合うかを考えました。

ボランティアの生徒も、被災の光景と体験談に打ちのめされ、ちっぽけな自分に無力感を持つことがあります。だが、それは自分だけではなく、多くの生徒に共通した経験であり、これほどの被災地では特殊な体験ではなく普通に起こりうることだと認識することに、体験を語り合う意味があります。ボランティアの二次受傷を防ぐのです。

ミーティングで私は、体験を語って聞かせてくれた被災者に必ず伝えてほしい二つの言葉を、生徒たちに伝えてきました。

一つは、「ありがとうございます」というお礼の言葉です。被災体験を聞いて謝辞を伝えるのは奇異に聞こえるかもしれません。しかし、被災地の外からやってきた若者を、家族の一員のように扱って、辛い話をしてくださったことに対する感謝の気持ちを表してほしいのです。

二つ目の言葉は「ここで見聞きしたことは、帰って必ず家族や友だちに伝えます」というメッセージです。被災者は、忘れ去られることを恐れています。そんな被災者に、私たちは決して忘れないというメッセージを伝え、その約束を実行してほしいと思いました。

生徒たちは、被災者との約束を守って、実際に親に話し、友だちに伝えました。舞子高校では、参加者全員が、すべてのクラスのホームルームに入って、自分の体験と思いを伝えるとりくみを行いました。生徒たちはこれ以外にも、地域の防災学習会に招かれて報告したり、セミナーやワークショップで発表したりしました。

見たこと、聞いたこと、そして考えたことを自分の言葉で伝え続けることが、語り継ぎの基本だと思います。大人はそのための場づくりをする責務を負っているのです。

「語り継ぎ」という表現には、被災者の「語り」と、それを聞いた人が「継」いでいく行為が重なっています。被災していない人間は、「語り」を聞いて心が動いたとき、その動きをそのまま別の人、次の世代に「継」いでいき、災害に関わり続ければいいのです。

被災地、未災地の若者によるワークショップ

全国には、防災を学ぶ中学生や高校生が集う場が、いくつかあります。

これまでに何度か紹介した防災教育チャレンジプランや防災未来賞ぼうさい甲子園といった全国規模の防災教育の育成・表彰イベントでは、被災地と未災地の子どもたちが自分たちの防災学習活動を報告します。

舞子高校が主管校を務める形で二〇一三年度から行っている防災ジュニアリーダーの育成事業

や、国立青少年教育振興機構と共催して兵庫県(二〇一二年度)、宮城県(二〇一三年度)、東京(二〇一四年度)で開いた「中学生・高校生による全国防災会議」もその一つです。どちらのイベントでも、東北、関東、東海、近畿、四国、中国地方で防災を学ぶ中学生、高校生が集まって被災地と未災地の生徒たちが同じテーブルに座り、同じテーマで話し合い、壁新聞をつくって発表しました。

東京でのワークショップでのことです。出来上がったすべての壁新聞を眺めていると、あるスローガンが目に入ってきました。

「津波が来たら、とにかく逃げろ」

当たり前のことだと思いました。少なくとも、それぞれの都道府県を代表してやってきた中高生が書く言葉にしては当たり前すぎます。もっと高度な話し合いができなかったのだろうかと、少し残念に思いました。

でも、その後、作成したグループの発表を聞いて、私は自分の早計な判断を恥じました。

参加者の一人に福島県から来た高校生がいました。彼女は、地震の後、やってくる津波を恐れ、避難しようとしていました。逃げ切る前に津波が到達して、祖父母が目の前で流されたのだといいます。助けようとしても助けられませんでした。その体験を未災地から来た参加者に語って聞かせました。だから、全員一致で、「とにかく逃げろ」と決めたのだそうです。

彼女は、ワークショップの中で自分の辛い被災体験を自然に語りました。作文に書いて発表したり、教室の前でスピーチしたりしたのではありません。災害に備えるためにどうしたらいいかを話し合っているワークショップの過程で、自然と語り始めたのです。

ワークショップには、語りを引き出す力があります。そして、その語りを聞いた生徒たちは、口々に思いを語り合ったはずです。その結果が、「とにかく逃げろ」なのです。

このスローガンを持ち帰った未災地の生徒たちは、彼女の被災体験を聞いた時に自分の心に生まれた感情とこのスローガンを広げようとするでしょう。実際、和歌山県立新翔高等学校の生徒は、帰ってから生徒会に働きかけて、生徒主催で防災を考える集会を開いたそうです。東京都立大泉桜高等学校の生徒は、校長と掛け合って、廊下に防災展示コーナーを作り、被災やボランティアの写真を展示して、生徒たちの意識高揚に努めています。

語りが持つ「個人的な意味」に、「社会的な意味」が重ねられていくのです。

高校生が語り合う意味

「語り継ぐ」という言葉は「語る」と「継ぐ」という二つの動詞でできています。災害体験を語るのは被災者の役割です。そしてその語り手の話を聞いて心が動いたときに、その動いた心と聞いた体験談を次の人へと継いでいくのは、聞き手の役目です。

災害体験の風化を危惧する声をよく聞きますが、風化を遅らせる方法はあります。語り手と聞き手が出会う場所をつくるのです。それは言い換えれば「語り」と「継ぎ」をつなぎ合わせる場づくりです。子どもたちのためにその場を創出できる立場にいるのは、教職員です。

未災地の学校の生徒たちと被災地の学校の生徒たちが語り合う場を設けるときに、被災者が一方的に語り、未災者がただそれを聞き、そして、感想を言い合うような形は避けたいと私は思っています。もっと自然な形で、体験と思いを分かち合う方法はないかと考えて、たどり着いた一つの結論は、ワークショップという枠組みの中で被災者が自分の体験を自然に語り、聞き手はそれを、体験談の講義として受け止めるのではなく、ワークショップの課題を考えるために必要な会話の一つとして自然に聞くというものです。

このワークショップの参加者は、未災者と被災者が混ざったグループに分かれます。未災者は「支援でしたいこと」と「支援でしてはならないと思うこと」を付箋に書き出します。被災者は「支援の中でうれしかったこと」と「支援の中で嫌だったこと」を書き出します。一枚の付箋には一つのトピックだけを書きます。できれば五枚以上書いてほしいと伝えます。グループ内での相談は禁止しておきます。

各自の考えが出尽くすと、それを模造紙に貼っていきます。模造紙には十文字の座標を書いておきます。縦は未災者の座標で、上に「支援でしたいこと」を、下に「支援でしてはならないと思うこと」を置きます。横は被災者の座標で、右に「支援の中でうれしかったこと」、左に「支援の中で嫌だったこと」がきます。

模造紙上には四つの領域ができることになります。「未災者がしたいと思い、被災者がしてもらってうれしかったこと」「未災者はしたいと思っているが、被災者はされて嫌だったこと」「未災者はしてはならないと思っているが、被災者はしてもらってうれしかったこと」「未災者はしてはならないと思っているし、被災者もされて嫌だったこと」の四領域です。

座標上では二つの領域で被災者と未災者の考えに衝突が起こっています。「未災者はしたいと思っているが、被災者はされて嫌だったこと」と「未災者はしてはならないと思っているが、被災者はしてもらってうれしかったこと」です。

被災者はなぜその行為がうれしいのかを、実体験とともに語るでしょう。なぜその支援が嫌だったのかを具体的に説明するでしょう。それは、未災者にとっては驚きをもって聞く内容なのかもしれません。

その衝突が議論を誘発します。議論の中で、被災者は自分の体験を語り、他者の考えを聞き、自分の災害体験とより深く向き合っていきます。未災者は、被災者の具体的な体験と思いを聞いて、より良い支援とは何かをとらえ直そうとします。そしてより良い支援者になるためには、何をして、何をしてはならないかを考えるのです。もちろん、災害への備えについて具体的に考えるときもあるはずです。

つまりこのワークショップの場には、災害体験を語る「社会的な意味」と「個人的な意味」の両方が存在しているのです。

繰り返しになりますが、高校生たちがこのような体験をできるような場を作ることが大人の仕事であり、教職員の仕事です。このような語り合いを通した学習が今後の防災教育の主流となっていくべきだと私は考えています。

様々な語り継ぐ活動がもたらした成果

災害の語り継ぎには、二つの意味があることを何度か書きました。

「社会的な意味」では、被災者が体験を語り、それを聞いた人が、災害に備えます。これは、防災活動の一環としての語りであり、語る人間が、語りを通して社会に貢献します。

被災した子どもたちは、災害に対する人間のちっぽけさを痛感し、自信を無くしていることもあるようです。東日本大震災から四年が経過した今、被災地では、子どもたちを勇気づける教育、自己肯定感を育む教育が必要です。例えば、地域の被災マップを作り、地域に貼り出すことで安全な避難に貢献することが、自分の存在意義の認識につながります。社会の安全性を高めるという「社会的な意味」が、自分を肯定的にとらえるという「個人的な意味」につながっていくのです。

災害体験を伝えることは、被災者責任だといわれるようになりましたが、そこで期待されているのは、災害体験をわかりやすく「整理」し、正しい備えといざというときの行動を「断定」的にアドバイスすること、つまり災害と向き合うための正確な「知恵」を伝えることでしょう。

一方、「個人的な意味」を伴って災害体験が語られる時、語り手は自らの体験と向き合い、その意味を考え続けます。ある意味、人としての生き方、あり方を考える一環としての語りです。心のケアの一環としての語りとも言えます。語り手は、心を吐露します。そこで語られるのは、災害を通して心に持った「混乱」や「揺れ」、そして何より被災体験から心にこみ上げてくる「思い」です。

「社会的な意味」と「個人的な意味」は、「**整理**」対「**混乱**」、「**断定**」対「**揺れ**」、「**知恵**」対「**思い**」という関係で、表裏一体のものなのです。

5章

過去、現在の防災教育から未来の防災教育へ

1　阪神・淡路大震災と東日本大震災

阪神・淡路大震災前の防災教育

阪神・淡路大震災や東日本大震災のような巨大災害が発生すると、災害に対する考え方に変化が起こるのと同じように、防災教育にも変化が見られます。災害の体験から学び、それを乗り越えようとする人間の知恵が働くからです。

未来の防災教育を考えていくために、阪神・淡路大震災（一九九五）と東日本大震災（二〇一一）が防災教育にどのような変化をもたらしたかを考えてみましょう。

阪神・淡路大震災以前、防災に関する教育活動は二つありました。一つは「避難訓練」、もう一つは「理科教育」における自然災害の単元です。しかし、その内容は実際の災害時に絶対に役に立つと言い切れるものではありませんでした。

避難訓練では、火災発生時間が事前に子どもたちに知らされ、予定通りにベルが鳴らされます。子どもたちは、ぞろぞろと歩いてグラウンドに集合し、点呼を受けます。総括の時間には避難訓練の担当教師が避難にかかった時間に言及し、その遅さを叱ります。避難訓練を通して、安全とか、命といったものを伝えようとしているのではなく、ただ、義務だから行っているという感じの訓練でした。

理科の自然災害の単元では、災害を引き起こす自然現象のメカニズムを学びます。これはとても大切なことです。ただ、その理解と併せて、実際の災害が人や社会に与えた様相が取り上げられることはまずありませんでした。自然科学の知識としてしか扱われていなかったのです。生徒たちは、自分が学んだ科学的知識と、自分が遭遇するかもしれない災害とをリンクさせてイメージすることはできなかったでしょう。

阪神・淡路大震災の教訓

そのような防災教育しか存在しない中で、阪神・淡路大震災が発生しました。地震は絶対に発生しないと油断しきっていた都会を、震度七の激震が襲ったのです。

震災が私たちに突きつけた多くの教訓の中で、私は一つの事実に注目しています。

それは、多くの犠牲者が、倒壊した建物や転倒した家具の下敷きで亡くなったことと、がれきに埋もれて逃げだすことができずに火災によって命を落としたことです。当時の警察白書によると、建物の倒壊や家具の転倒に起因する死亡が八八パーセント、火災による死亡が一〇パーセントとなっています。死者の九割が、地震発生から一五分程度で既に命を失っていたというデータもあります。

これらの数字は、避難訓練が不十分であったから犠牲者が出たのではなく、建物が倒壊して避難できずに命を失ってしまったという事実を物語っています。結局、避難訓練だけでは地震災害に立ち向かえないのです。阪神・淡路大震災は、その事実を私たちに突きつけました。

避難訓練がすべての地震に対して無力だということを言っているのではありません。長周期の揺れに襲われるプレート型の地震や、震度がそれほど大きくない地震では、家屋が倒壊する危険性は少ないし、人々が移動することができます。そんな時は、火災避難訓練の経験も役立つでしょう。揺れている間は、落下物や転倒物から身を守り、揺れが収まってから避難経路の安全を確認して、落ち着いてグラウンドなどの一時避難所に移動すればいいのです。

一方、家屋が倒壊するような地震では、避難訓練よりも優先順位を与えられるべき防災教育があるはずです。そのことを忘れてはならない、ということを指摘しておきたいと思います。

震災後に〝未災地〟で生まれた防災教育

震災後、新しいタイプの防災教育がいくつか生まれていきました。それらは三つにまとめることができます。「**備えの防災教育**」「**防災＋αの防災教育**」そして「**新たな防災教育**」です。

「備えの防災教育」は阪神・淡路大震災の後に生まれたものです。

震災は、発生後の避難ではなく、事前の備えの大切さを教えてくれました。震災の教訓を受け、防災が、対応型から備え型へと変化していきました。防災教育にも同様の変化が取り入れられ、耐震の大切さの学習や家具の固定、整理整頓の大切さ、非常持ち出し袋の準備、地域安全マップの作成などの防災学習となって全国に広がっていきました。

ただ、備えは、災害への恐怖や防災への意識がないと、なかなか進まないという課題があります。そこで意識を高める工夫として発展したのが、「防災＋αの防災教育」だと言えるでしょう。

未災地では、防災への意識は高くありません。自分たちは災害に遭わないし、もし災害が発生しても自分だけは助かると、多くの人々が思っています。

そんな地域では、学習者の関心を高めるための工夫が必要となります。そこで生まれたのが、防災と何らかの価値を組み合わせる「防災＋αの防災教育」です。＋αは、学校がとりくんでいる環境教育や人権教育、地域学習などの領域をはじめ、子どもたちの得意なこと、好きなこと、既存の教科など、実は学校教育に普段から存在しているものです。

障害者施設と地域が合同で防災運動会を開くことで、防災に福祉という価値が取り入れられます。濃尾地震の危険がある岐阜市にある社会福祉法人岐阜アソシアは、障害者が通ってくる施設です。もし大きな地震が発生すれば、地域で孤立する恐れがあります。そこで考えたのが、地域住民と一緒に楽しむ防災運動会です。防災の技術の習得よりも、地域と仲良くなることを優先させています。＋αは福祉でもあり、地域との連携でもあります。

子どもたちが地域を歩いて防災マップを作る実践は各地で行われています。この時、防災だけではなく地域の歴史、文化、生活、自然等を多く取り入れることで、面白いマップが出来上がります。

東大阪市立縄手東小学校の子どもたちがつくったマップには、地震に弱いブロック塀の道が描かれている一方、おいしいコロッケ屋も描かれています。出来上がったマップを、地域の方々を招いた授業参観日に発表することで、地域住民の防災意識を高める工夫を取り入れています。＋αは地域の良さの発見や地域住民との交流であり、子どもたちにとっては面白いこと探しや遊びであるかもしれません。

キャンプと防災を合体させて、ちょっとした不便さを盛り込んだ宿泊訓練を行い、課題解決に必要な力を磨く実践も各地で行われています。

糸魚川市立根知小学校は、地域の宝であるジオパークの学習と地域と協力して行ってきた宿泊訓練を合体させ、そこに防災の要素を取り入れました。移動途中に震度六の地震が発生し、子どもたちは緊急避難を余儀なくされます。食事はパンを分け合います。班長会議や班の会議での話し合いで、与えられた課題を解決していきます。

従来の宿泊訓練と比べると教職員がかけるエネルギーはほぼ同じですが、防災教育も一緒にできる工夫が取り入れられているのです。＋αは理科の学習であり、地域を知ることであり、課題解決型の学習です。

私が地域の子ども会や舞子高校近隣の小学校と何度か行った防災訓練でも、避難所を想定して、トイレの水にはプールの水をバケツで汲んで使うとか、おにぎりを自分で作ったり、食事を分け合ったりする経験を取り入れるなどの疑似体験を組み込みました。仲間と相談しなければ解決できない課題を与えることも大切です。キャンプという日常と離れた体験の中で、子どもたちは楽しく話し合い、課題を解決していきます。相談して解決する能力は、災害時には必ず必要となってきます。

既存の教科学習を＋αとする防災教育も可能です。国語で被災者の手記や詩を読む、図画工作で防災カレンダーを作成する、音楽で被災地の歌を合唱する、など、工夫次第で様々な授業が可能です。家庭科で避難所の食事を考えてメニューを提案する授業も面白いでしょう。商業科の高校生なら、販売の実習で被災地の商品を仕入れ、地元で販売し、その収益を被災地に贈ることもできます。

滋賀県立彦根工業高等学校の生徒は、かまどベンチをつくりました。公園や高齢者施設、小学校などに設置し、普段はベンチとして使ってもらいます。災害時には天板を取り外し、かまどとして使うことができます。もちろん天板は燃料として使用します。

かまどベンチ自体が、災害時の切り札として使われる可能性は低いでしょう。しかし、この実践が面白いのは、かまどベンチを老人施設で高齢者と一緒に作ったり、小学校で子どもたちと一緒に作ったりしたことです。

高齢者から見れば、高校生は災害時に支援に来てくれる存在として頼もしく映ります。高校生から見れば、高齢者から様々な話を聞くことができます。

小学生から見れば、高校生から地震を学ぶという、日常から少しだけ離れた学習は、楽しいものです。高校生は、子どもたちに地震のメカニズムを教え、備えの大切さや災害時の対応を教えることで、自分の学習にもなります。

＋αはモノづくりと人と人とのつながりづくりでしょうか。

「防災＋αの防災教育」は、防災をメインにして、既存の科目や領域を付け加えています。防災と＋αの割合を逆転させて、既存の教科や領域に防災の要素を取り入れてもいいでしょう。

このように楽しい工夫が盛り込まれた防災教育が全国の未災地に広がっていきました。

被災地で生まれた〝新たな防災教育〟

阪神・淡路大震災の被災地である兵庫県や政令指定都市である神戸市では、新しいタイプの防災教育が作られていきました。この防災教育は、従来型の避難訓練や理科教育とは一線を画す防災教育であるという意味で、「新たな防災教育」と名付けられました。

「新たな防災教育」は二つの分野から成り立っています。一つは、被災後の子どもたちの心の変化に対応する教育、もう一つは、命の大切さや助け合い、思いやりの素晴らしさを子どもたちに考えさせる教育です。

子どもの心のケアは、阪神・淡路大震災を境に発達してきました。災害で傷ついた心のサポートを必要とする子どもを、カウンセラー等の専門家につなぐだけではなく、学校という日常の中で、教職員や仲間の子どもたち全員で支えていく活動が、被災地で続けられてきました。また、震災の追悼集会の開催、被災体験の語り継ぎなどを通して、命の大切さや助け合い、思いやりの素晴らしさに向き合う機会を、子どもたちは与えられてきました。

東日本大震災の教訓

二〇一一年三月一一日、東日本大震災が発生しました。上で述べた五つの防災教育――避難訓練、理科教育、備えの防災教育、防災＋αの防災教育、新たな防災教育――は、東日本大震災に対して有効だったのでしょうか。答えはＹｅｓでもありＮｏでもあると私は考えています。ただ、一つだけ、決定的に欠けていたことがありました。

津波が来ないという想定を信じて、安全だと思われた場所にとどまり命を落とした人々、指定避難所に身を寄せ津波に飲まれた人々がたくさんいます。私たち市民は、防災は行政が行うことであり、その施策を信じていたら大丈夫だという、根拠のない安全感を持っていたのです。ハザードを知り、災害対応を考え、社会のハードとソフトを検証して、自らの責任で災害と向き合う姿勢が欠けていたのです。

これからの防災教育は、「安全神話」を排除した「**想定を信じない防災教育**」になっていくべきです。そのためには、必要な情報を収集し、関係者と相談し、判断し、行動する力を身につけた市民を育てていかなければなりません。防災教育の根本は、「市民力を育む教育」なのです。

2　近未来の防災教育

キャッチボールからボール回しへ

災害体験の語り継ぎは、語り手と聞き手がいて成り立ちます。教職員ができることは、生徒たちが被災者と話す機会や支援者と話す機会をつくることです。できれば一方的な「語り」ではなく、「語り合い」がいいでしょう。

先に紹介した中高生のワークショップで、被災地の生徒の語りが未災地の生徒の心を動かし、「津波が来たら、とにかく逃げろ」という結論を導き出しました。そこでは、言葉のやり取りが繰り返されたはずです。言葉のやり取りの中で、何かが洗練されながら、形作られていきます。

それが、語り合うことの本質です。

語りはともすれば、教室を前から後ろに通過していく流れ星のように、一方的な言葉の投げかけになってしまうことがよくあります。できればそれを、語り手と聞き手のキャッチボールにしましょう。もっと深く語り合えば、それは語り手と聞き手と別の聞き手たちの間を自由に回されるボールのようになります。誰かが投げかけ(語り)、だれかが受け止め(継ぎ)、また投げ(語り)、それを別の誰かが受け止める(継ぐ)のです。そんな魅力的な授業をつくっていきたいと思います。被災地に立つと生徒は変わります。できれば、支援者として被災地を体験させるのが良いでしょう。

ただ、どうしても忘れてはならないことがあります。それは、被災地は教材ではないということです。生徒たちと被災地でボランティア活動をしているとき、私はマスコミからよく「生徒たちに何を学ばせたいですか」と聞かれました。そのたびに、被災地は教材ではないと答えました。私たちは、与えられた仕事に愚直にとりくむだけだと答えました。

ボランティアの目的は、支援です。学ぶことではありません。ただ、結果的に、学ぶことはあります。あるいは戸惑うこともあります。何か支援ができたはずだが、何ができたかわからない、いや、何もできなかったのかもしれない、そういった戸惑いです。この戸惑いが、生徒たちに学びのきっかけを与えます。

被災地に立ったことが転機となって、自分がとりくむべき課題を見つけ、持ち帰り、学び続けるのです。私たち教職員の仕事は、そういった戸惑いを持つ場を生徒たちに与え、学びのきっかけと方向を与えることではないでしょうか。

防災教育を教科に

私は防災教育を教科にすべきだと考えています。理由はいくつかあります。

一番大きな理由は、これだけ災害が多発する日本で、防災を組織的に学ばせないのはおかしいという、単純かつ根本的な疑問です。

警察庁の発表によると、二〇一四年の交通事故死亡者数は四一一三人で、一四年連続で前年を下回っています。昭和三〇年代、四〇年代には「交通戦争」という言葉が使われていたようですが、その頃のピークが一万六〇〇〇人を超えていたことを考えると、統計的には大きな前進だととらえてもいいでしょう(もちろん、事故で大切な人を亡くした関係者の視点で言えば、「前進」という表現は理不尽ですが)。交通事故の発生件数があまり減らないのに、死亡者の数が大きく減少しているのは、交通事故発生時にドライバーや同乗者の体を守る機能が格段に進歩したからです。しかし、その機能は、車に乗っている人の命は守ってくれますが、車が歩行者や自転車と衝突した場合、弱者の命を守ってくれるわけではありません。

運転免許の取得には決められた学科の習得が必要ですし、試験もあります。交通弱者を交通事故から守るためには、法による取り締まりと罰則だけではなく、交通安全教室のようなソフト面での運動も必要です。

ところが防災は行政任せ、堤防や耐震化された建物任せです。なぜそこに一般市民がもっと関わらなければならないシステムを構築しようとしないのでしょうか。

義務教育の九年間はすべての市民が学校で学びます。高校は義務教育ではないとはいえ、ほとんどの中学卒業生が進学します。防災を学ぶには最も適した場であると考えられます。なぜ、学校という誰もが学ぶ場を活用して、すべての市民に、系統的、継続的に防災を学ばせようとしないのでしょうか。理解できません。

私は四川大地震で甚大な被害を受けた中国四川省、陝西省、甘粛省やインド洋大津波の被害を受けたスリランカの南部をはじめ、ヒマラヤ山脈に位置し、地震や地滑り災害を受けやすいネパール、そして、度重なる地震や洪水、地滑りなどに襲われているフィリピン、インドなど、アジアに位置する災害を受けやすい国々で防災教育を実施した経験があります。そこで私の講演を聞いた参加者からよく言われるのが、日本は防災大国なのに、なぜそのような被害に遭うのかという疑問です。

日本は本当に防災大国でしょうか。なるほど、構造物の耐震化や堤防やダムの建設などハード面に限って言えば、世界の最高水準の技術を誇る国でしょう。しかし、その技術がそのまま市民の安全を守っているとは言えません。

阪神・淡路大震災では、耐震化されていない老朽家屋に住む高齢者が多く犠牲となりました。世界最高水準の技術力も、庶民の手元には届いていなかったのです。その上、阪神間には地震がないと信じ切って、ほとんどの市民が備えすらしていませんでした。

災害後に起こった出来事も、到底先進国と胸を張って言えるものではありませんでした。仮設住宅では孤独死が相次ぎました。「震災関連死」という表現は、一人ひとりの無念さを考えると、あまりにも軽薄な表現に聞こえてくるのは、私だけでしょうか。一度は助かった命まで失われていったのです。それが、先進国日本の防災の現状でした。

東日本大震災では、ハザードマップが示す想定を信じ、危険区域の外にいるからという理由で避難せず、自宅で亡くなった方がたくさんいます。行政が指定した避難所に身を寄せ、津波に飲み込まれた人々もいます。大堤防に守られている安心感から避難せず、大津波の直撃を受けた人もいます。いったん想定が出てしまえば、実際はおそらくそれ以下だろうと安心する市民がそこにいたのです。

ハード面の技術は世界最高水準であるけれども、防災意識が市民に浸透していない日本。ソフト面では、自分は災害に遭わないし、遭っても絶対に助かると根拠のない安心感に包まれている日本。本当に防災大国でしょうか。

ハードでの防災には限界があります。その限界を、ソフトで埋める作業が必要です。市民一人ひとりがソフトの防災と向き合うには、防災教育を教科にし、すべての学校で履修させることが一番確かな方法です。

防災の積み木

子どもが遊んだあと、散乱した積み木をプラスチックバケツの中に片付けます。丸や四角や三角の積み木がバケツの中に収まり、部屋はきれいになります。

被災地には、「積み木」、つまり様々な課題、難題が散乱しています。それを自衛隊や消防、警察、行政、ボランティアセンター、ライフライン関係者、土木関係者、建築関係者らが総力を挙げて「バケツ」の中に片付けていきます。被災地はきれいに復興したように見えます。

ところがバケツの中をよく見ると、積み木と積み木の間に隙間があるのがわかります。積み木を自衛隊や消防、行政、企業などの災害対応、災害復旧の活動の結果、解決された課題と考えると、隙間はそれらの活動が届いていないところと考えることができます。

隙間には、支援を受けずに苦しんでいる被災者がいます。災害の支援に関わる人の中には、積み木を片付ける人だけではなく、この隙間に気付く人も必要です。そしてそのような人々は大抵、災害支援を本業として数々の被災地で支援を行ってきた人々か、普段から支援を必要とする人々と関わり合って暮らしている人々です。

災害時に、障害者をいち早く支援し、寄り添ったのは、普段から障害者の自立支援を行っている人々でした。

阪神・淡路大震災の時、自衛隊が避難所に風呂を設置しました。多くの被災者が汚れを落とし、ほっとするひと時を過ごしました。しかし、障害を持った子どもは、多くの他人と一緒の風呂に入ることはできませんでした。いつもと違う状況に、緊張してしまうのです。そこで子どもたちと親を風呂に連れて行く活動を始めたのは、障害児といつも接している障害児学校（特別支援学校）の先生と福祉作業所に勤める職員とボランティアでした。被災地の外にある大きな銭湯に知っている人と一緒に行くことで、緊張を解こうとしたのです。

自衛隊の風呂という積み木が多くの人を助け、積み木の隙間に置き去りにされている人に気付いて、支援する人もいたのです。

災害時に、乳幼児の置かれる状況を心配して、子育て学級に防災の勉強を取り入れる動きが始まっています。提唱しているのは、防災関係者ではなく、子育て支援のＮＰＯです。普段のプログラムに防災学習を取り入れています。乳幼児という大切な命の隣にいて、いつもそのいとおしさを実感している母親だからこそ、その子どもたちを積み木の隙間に置き去りにしたくないという気持ちが強く働きます。

NPO法人「はままつ子育てネットワークぴっぴ」が考えたプログラムは、母親を子どもの保護者、支援者として期待するだけではなく、子ども自身にも防災知識を教え、災害を生き抜いていく力を育てようとしています。

災害時に、言葉の壁で孤立するかもしれない外国人に、防災用語を平易な日本語で教える活動を続けている人々がいます。

京都にある「『やさしい日本語』有志の会」は、京都で学ぶ外国人、観光目的で京都を訪れる外国人を対象に、優しい日本語を使った防災教育を行っています。また、日本語を教えているボランティアが防災教育も実施できるように、教材やマニュアルを整備しています。

日本語教師としてタイに赴任している私の教え子は、日本語で災害を教えるとりくみも始めているそうです。海外から日本にやってくる留学生の多くが、その国で、留学先の災害と防災を学んでいないことを知って、留学生への防災教育の重要性も訴えています。

日本の災害状況に詳しくない外国人は、自助の基本である災害の知識がなく、備えも実践できていません。災害時には、情報を得にくく、孤立する恐れがあります。彼らは、日本社会の自助、共助、公助という積み木の隙間に置き去りにされる恐れがあるのです。そこに気付いたのは、日頃から外国人と接する機会が多い人々です。

隙間を埋める活動をしている人々の中には、行政は弱者を切り捨てていると批判する人たちもいます。しかし私は、その批判がかなり的を射た指摘であるとはいえ、一〇〇パーセント正しいとは思いません。

行政が積み木を一気にバケツの中に片付けたから、被災地が落ち着いたのです。被災地が落ち着いたから、バケツの中の積み木の隙間が見えてきたのです。日常時にも、バケツの中に積み木が存在するからこそ、隙間もあるのです。

そして、行政がすべての隙間に気付くべきだと主張するのは、不合理です。隙間は、行政の守備範囲ではないのです。隙間に気付いて、そこに関わっていく役割を請け負っているのは、NPOや一般の市民なのです。行政とNPO、一般市民は批判し合う関係ではなく、相互補完する仲だと考えられないでしょうか。

この、隙間に気付く人を育てていくのも、防災教育の大切な目的の一つです。

「防災元気玉」

私はかつて、「防災元気玉」という考え方を紹介したことがあります(『夢みる防災教育』)。アニメのドラゴンボールZからヒントを得た考え方です。主人公の孫悟空が、難攻不落の敵と戦い、どんな攻撃も跳ね返され、絶体絶命の危機に陥った時に、地球上のあらゆる生命や太陽、星、月から少しずつ力を分けてもらい、それらを巨大なエネルギー弾にして、敵にぶつけるのです。誰か一人の強大な力に頼るのではなく、ありとあらゆる関係者が少しずつ、自分の元気を提供するのです。

防災でも同じ発想が可能です。

災害時に、自衛隊や消防といった救助の専門家が、すべての被災個所に展開することは物理的に不可能です。どうしても、市民の力が必要です。阪神・淡路大震災の後、自助、共助、公助という言葉が広がっていったのも、強大な力、つまり自衛隊や消防だけに頼りきる姿勢を戒めたものでしょう。行政が何とかしてくれるという思い込みに警鐘を鳴らす言葉でもあり、結局自分たちの安全は自分たちで守らなければならないという示唆でもあります。

一〇〇万人が住む町を仮定しましょう。その町の防災力を一〇〇万ポイント上げようとすると、一万の力を持つ防災の専門家を一〇〇人、その町に住まわせればいいのです。

具体的には、消防署の数を増やし、自衛隊の駐屯地を町に数か所作り、災害時にすべての被災地域に展開できるようにすればいいのです。

しかし、この発想には現実味がありません。災害が起こるかもしれない日本中を、自衛隊の駐屯地と消防署にするわけにはいきません。

そこで、市民一人ひとりの力を結集することが必要となってきます。一〇〇万人の一人ひとりが、一ポイントだけ防災の力を上げるのです。そうすることで、その町の防災力は一〇〇万ポイント向上することになります。これが、「防災元気玉」です。

防災教育の教科化は、すべての市民が防災教育と出会って、自分の防災力を少しだけ向上させるきっかけとなります。

市民防災力の底上げ

防災教育の教科化のメリットはほかにもあります。小学校、中学校、高校で学ぶすべての子どもたちが防災を学ぶ機会を持つということは、すべての教師が防災を教える機会を持つということでもあります。このメリットは計り知れません。

先に述べた防災元気玉の比喩で言えば、教職員が防災の知識と技能を持つということは、日本全体ではおそらく一〇〇万を超える人が、防災の知識と技術を持つということになります。防災元気玉が現実のものとなるのです。

日本では、災害時の避難所は主に学校が想定されています。備品や食料、水などの必需品の備蓄はまだまだ進んでおらず、ただ避難所として指定されている学校がほとんどですが、災害時に被災地にそびえる校舎は、被災者にとって心の拠り所となります。その学校避難所で運営にあたるのは教職員です。避難所運営を行う教職員が防災の知識と技能を持っていることが、どれだけ被災者の避難生活と安心感を向上させるか、想像に難くありません。

防災教育の評価

防災教育の教科化には慎重な考えがあります。その慎重姿勢の理由として、評価の難しさを指摘する声もあります。

先に結論を言うと、評価の難しさは防災教育だけについて回る問題なのではなく、教育そのものが持つ課題です。

ある人の多様な能力を何らかの尺度で評価して記述することが、そのままその人の人格すべてを正しく評価していることになるのではない、という事実を、私たちはいつも頭に入れておかなければなりません。評価の結果は、尺度によって違ってきます。どの尺度を採用するかは恣意的です。評価は、完ぺきではないものなのです。だからこそ、評価する側は、妥当性や信頼性をできるだけ高めようと努力しているのです。

学校での英語や数学などの教科の評価方法は、長年同じ方法が用いられ、しっかりと定着しています。中間考査や期末考査、小テストなどの正解が存在するテストの結果と、日常のノート提出や課題へのとりくみ姿勢を合わせて、その結果を一〇段階や五段階で相対的に、あるいは素点で絶対的に表し、通知表に記載する方法が、一般的な評価方法です。点数化という評価です。

相対評価では、五段階、あるいは一〇段階の評定の各段階に、あらかじめ一定の割合が決められています。子どもたちはその決められた割合に従って、各点数に割り振られていきます。できる子どももいれば、できない子どももいるという考え方が前提にあります。母集団が多ければその評価への信頼性が高まりますが、その科目の学習で多くの子どもたちがよく理解し、いい結果を出した場合、無理やり低い点数をつける必要があるのかという疑問が残ります。高校入試に中学校の内申書を用いる場合、学校間格差を考慮に入れていないという批判もあります。

絶対評価は、八〇点以上なら五段階の五、合格とか、七〇点なら四というように、事前に決まっている基準によって評価します。全員がいい点を取った場合、相対評価と違って無理して一や二をつける必要はありません。一方、評価の材料に授業中の態度や学習へのとりくみ姿勢などを入れると、評価する側の教員の子どもへの好き、嫌いが反映される危険性もあります。

相対評価と絶対評価については、長短があって、どちらが優れているかという問題ではなく、どう組み合わせて活用するかという視点が大切だと思います。

防災教育の評価事例は、既に存在しています。

舞子高校の環境防災科は、学科の教科・科目として防災教育を実施しているので、当然、一〇段階、五段階の評価をします。その際、定期考査、提出物など、どの学校でも採用する素材だけではなく、生徒が行ったプレゼンテーションへの教師による評価と生徒相互による評価、一定期間の学習成果をファイリングしたポートフォリオの評価も、学期末、学年末の評価の素材に取り入れています。

防災教育の評価が難しいという批判に対しては、このような事例も解決策の一つとして提案したいと思います。

評価と学力の樹

ハザードの知識や備え、災害対応の知識については、実際の災害現場でその知識を活用してどれだけの対応力を発揮できるかは未知数ですが、ペーパーテストでもある程度、子どもたちの能力を測ることはできます。

例えば、防災士という民間の資格試験がありますが、実際の被災地での活動実績や未災地での備えの活動実績を用いて評価しているわけではありません。ペーパーテストです。しかし、学力の葉が茂っていることが、その樹の幹や根の成長に欠かせないと考えると、このような知識の評価方法も必要であることは理解できます。

幹にあたる思考力、判断力、表現力はどうでしょうか。

実際に災害が発生すれば、その人の思考力や判断力、表現力がどの程度のものか、よくわかります。

しかし、すべての学習者に災害を体験させるわけにはいきません。それができない以上、バーチャルではあるけれども、ディスカッションやプレゼンテーションの評価、作文やレポートの評価、ペーパーテストでの評価などを組み合わせるのが妥当な評価方法だと言えます。

根にあたる意欲、関心、態度の評価はどうでしょうか。

かつて、意欲を評価するために、授業中に手を挙げた回数を数えることが流行りました。数多く手を挙げれば、意欲が高いと評価されたのです。

その結果、わかっていようがわかっていまいが、とりあえず手を挙げようとする子どもが増えたという弊害が報告されました。挙手の回数と子どもの意欲には、大した関連はないのです。

作文は、子どもたちの意欲や関心、態度を見る一つの方法です。しかし、作文によって自分の評価が下されると考える子どもなら、先生が好みそうな内容を書くかもしれません。

評価にはいつも、何らかの問題がついて回るのです。防災教育の評価が難しいのは、防災だからではありません。

一人の全人格に対して、一〇〇パーセント正しい評価を下すことは不可能なのです。評価は、恣意的に選ばれた尺度のもとで行われるものであり、それはその人の個性の一つの側面を測っているだけにすぎないということを、評価する側も評価される側も認識しておけばいいのです。

現在、道徳の教科化も進められています。道徳的な価値をどう評価するか、防災教育よりも難しい議論になると思うのですが、そこはどうクリアしていくのでしょうか。

様々な評価の組み合わせ

ある段階での、ある分野の防災教育に使えそうな、面白い評価方法もあります。

到達度評価と呼ばれる評価方法です。あらかじめ達成すべき行動を設定し、それができたかできなかったか、合格か不合格かで評価していく手法です。

例えば、逆上がりができるかできないか、縄跳びを一〇〇回連続できるかできないか、などの行動目標を設定し(これを「規準」と呼びます)、できれば合格、できなければ不合格とするのです。具体的な行動目標への達成度を測るときには、とても使いやすい評価方法といえるでしょう。

自動車教習所は、この到達度評価を使っている好例です。教習のマニュアルには、右左折が滑らかにできるかできないか、S字やクランクを脱輪せずに進むことができるかできないか、バックでの駐車ができるかできないか、縦列駐車ができるかできないか、などの具体的な規準が細かく設定されています。クリアできれば合格、失敗すれば不合格です。

防災教育でも、小さな子どもの場合には、この到達度評価を用いてその子どもたちの達成度を測れそうです。

地震が起こったら、周囲を見て安全な場所で頭を守ってダンゴムシのポーズをとる、火事が発生したら大人の話を聞いて、何らかの布で口を押さえて避難する、などの行動の評価は、到達度評価がふさわしいでしょう。もう少し年齢が上がれば、消火器を使える、ＡＥＤを使える、簡単なけがの手当てができる、など、防災訓練で教えている行動を評価の規準に使えます。子どもたちに習得させたい具体的な行動を記述し（規準づくりです）、その達成度を○×で示せばいいのです。

評価は多様な要素を含んでいます。点数化だけではなく、言葉で子どもをほめることも評価といえるでしょう。子どものとりくみや日常の生活、学習への姿勢を文章化して保護者に渡せば、それも評価の一つです。

点数化は、評価という大きな入れ物の中にある一つのものさしです。その入れ物の中には、言葉でほめることや文章で評価することなど、他の様々な方法も含まれているのです。点数化がすべてではありません。

防災教育では、この、言葉でほめることが生徒を伸ばすシーンを何度も見てきました。地域防災訓練に参加して、地域の大人から頼りにされ、ほめられる体験は、普段あまりほめられ慣れしていない子どもにとっては、大切な経験です。災害ボランティアで、被災者から「ありがとう」と言われて、災害や被災を真剣に考え出した生徒は、何人もいます。言葉という評価は、子どもたちの未来を決めていく大きな力を持っているのです。

防災教育では、学ばせるべき項目によって評価方法を変えればいいのです。

6章
防災教育に関わろうとする教職員へのメッセージ

1　災害体験と防災教育

災害を体験した者への気後れ

防災教育を始めることに不安を感じる人の中に、自分が災害体験を持たないことをその理由に挙げる人が少なくありません。東日本大震災の後、人事異動によって内陸から被災地に転勤した教師からは、自分に大津波の体験がなく、つらい体験をした子どもたちとどう向き合えばいいかがわからない、あるいはその体験を共有できないと感じるという話をよく聞きました。

高校生や大学生たちが交流する場でも、被災体験を持たない未災地の若者から、被災地の若者と対等に話をすることには気後れを感じるという話をよく聞きます。自分には災害を語る資格はないという若者もいます。

この感覚は、一五年近く前、防災教育を始めたばかりの私も持っていました。

教室で、私の目の前に座っている生徒の中には、震災で親を亡くしたり、家を無くしたり、避難所で生活したりした体験を持つ者が少なからずいます。一方、私は、家はあり、家族は元気で、水がしばらく出ない程度の、ちょっとした不便を体験しただけでした。

体験を持たない者が体験を持つ者に、いったい何を教えたらいいのかと、よく自問したものです。防災の本を読み、知識を伝えることはできるでしょう。しかし、体験の話となると、目の前の生徒にはかないません。生徒たちが体験を通して考えたこと、学んだことは、私の体験を通して考えたこと、学んだことをはるかに超えています。知識の総量では経験値に太刀打ちできないのです。だから、震災体験の話をするときは、気後れしてしまっていたのです。

体験を聴く力

それから一五年近い防災教育とのかかわりの中で、多くの被災者と話をし、被災地の教職員の声を聞き、未災地の教職員の意見を聞き、真摯に交流する若者の発言に耳を傾け、防災教育関係者と意見を交わし、防災教育以外の教育活動の実践を参考にし(例えば、人権教育とか平和教育、環境教育などです)、自分で防災教育の授業やイベントを組み立てていく中で、壁にあたったり、悩んだりした末に思いついた解決策は、とてもシンプルなものでした。

知識はしっかりと学ばせ、体験は全員で共有すればいいのです。

知識は、それを使って課題を解決していくための武器です。体験の共有は、災害や防災、人間のあり方を考える起点となり、悩み、考え、議論し、理解し、納得していく素材となります。

知識の総量はテストで測ることができます。体験からの学びは、数値化はしにくいけれども、子どもたちの心の中にエネルギーとしていつまでも留まってくれます。

テレビ番組で、あるミュージカルの主役を務める子役をオーディションで選んだ選考委員会のトップが、このような発言をしているのを聞いたことがあります。

「最後の決め手は、聴く力だ」

オーディションで最終選考まで残る子どもはみんな、歌が上手で、ダンスが上手で、表現力もゆたかです。甲乙つけがたいハイレベルにいます。その選考の最後の決め手が「聴く力」だというのです(ここでは、あえて「聞く」ではなく「聴く」を使わせてもらいます)。ミュージカルの中で、相手のセリフをしっかりと聴くことが、人を魅了する演技につながるのだそうです。

私には、被災地で心のケアに関わる臨床心理士やスクールカウンセラーと話をしたり、被災地の支援にとりくむＮＰＯ関係者の話を聞いたりする機会がよくあります。そんな時に彼らから教えられた表現に「**傾聴**」があります。体を傾けて、ただ、被災者の話に耳を傾けるのです。聴く力が問われる活動です。

聴く力を鍛えることは、教育の大きな目標です。災害体験のない人は、災害体験を語ることはできないけれども、災害体験を聴くことはできます。しっかりと聴き、しっかりと考えるのです。被災者の体験を聴くことは、それ自体が大切な教育活動なのです。

三つの災害体験

私は、防災教育に関わる人は、災害体験を持つべきだと考えています。そうなると、災害体験のない圧倒的多数の教職員は、防災教育を進めることができないという指摘を受けるかもしれません。しかし、災害体験は、何も自分が被災者になるという体験だけを指すのではなく、実は次の三つがあると考えてください。

一つ目は、直接被災体験です。災害を体験した当事者にしかわからない事実を子どもたちに伝えていくのです。直接被災体験は、命を守るためのノウハウを教える防災教育だけではなく、生きることの意味を考える教育や心のサポートにつながる教育の原動力になります。実際、阪神・淡路大震災や東日本大震災をはじめ、規模は小さくても地域に大きな影響を与えた災害の被災地では、自分たちの災害体験をもとにした素晴らしい防災教育が数多く実践されています。しかし、災害を直接体験する人は、日本の全人口と比べるとそれほど多くはありません。また、できれば災害など体験しない方が良いでしょう。

では、直接被災体験を持たない人々、つまり未災者はどうすれば防災教育に関わることができるのでしょうか。その答えは、あと二つの災害体験です。

答えの一つ、つまり二つ目の体験は、直接支援体験です。被災地に行き、ボランティア活動をしたり、被災地の学校の回復を手伝ったりした体験です。

被災地での支援体験が、その人の生き方に大きな影響を与えることはよくあります。防災教育や被災地支援に熱心にとりくむ教職員やＮＰＯ関係者には、そのきっかけが被災地でのボランティアであるという人がたくさんいます。彼らは自分の体験をもとに、リアリティに富んだ防災教育を実施しています。当然、学習者の関心を強く惹きつけます。

では、直接被災体験も直接支援体験も持たない人は、どのような工夫を通して防災教育に関わることができるのでしょうか。

答えは、「代理体験」です。

この言葉は、防災教育に関わり始めた頃、消防署員から教えてもらいました。

実際の火災を体験した人は、その恐ろしさを知っています。しかし、すべての人が火災を体験するわけではありません。そこで、実際に火災を体験した人の話を聞いたり、火災に関する本を読んだり、映像を見たりすることで、直接ではなく代理的に火災を体験し、その恐ろしさや対応方法、そして備えを学ぼうというわけです。

防災教育に関わろうとする教師でいえば、直接被災体験と直接支援体験から学ぼうとする姿勢を持てばいいのです。優れた平和教育の実践を行っている教師がみんな戦後生まれであることを考えると、この指摘の意味がよくわかると思います。平和教育の実践者は、資料を探し、本を読み、人の話を聞き、映像を見て、授業を組み立てているのです。

防災教育の授業でも同じ発想が可能です。

過去に発生した災害の話を聞かせたり、本を読ませたり、映像を見せたりすると、生徒たちは、仮想的に自分を災害の場に置き、どうすればいいかを考え始めます。3章で紹介したクロスロードも、そういう意味では、代理体験の機能を持っています。

代理体験で扱う教材は、防災教育の薬箪笥の抽斗から選び出されたものであり、子どもたちが理解しやすいように注意深く配列されたものでなければなりません。

そのためには、まず授業担当者が、しっかりと仮想体験を積まなければなりません。いわゆる教材研究です。防災という未知の領域に尻込みするのではなく、教材を探し、配列する楽しさを、担当者には感じてほしいと思います。

2　防災教育をポジティブにとらえる

模倣のすすめ

日本人は、模倣が得意だと、よく言われます。もう少し誤解を生まない言葉で表現すれば、すでにあるものを改良し、洗練させていくことに長けています。

テレビの原型を世界で最初に作ったのは、イギリス人のベアードという人物だと言われています。一九二五年のことだそうです。その原理を応用し、より優れた機能を持つテレビに洗練させていったのは、日本企業の功績です。

自動車はどうでしょうか。フランスの軍事技術者ニコラス・クノー大尉が、大きな大砲を運搬する道具として蒸気自動車をつくったのが、今の自動車の原型だとも言われています。一七六九年のことです。それから二五〇年後、日本企業の自動車は、その安全性とコンパクトさ、優れた性能とコストパフォーマンスの良さで世界から高く評価されています。

教育の世界でも、私たちが持つ、既存のモノを見事に洗練させていく能力を発揮しましょう。教科や総合的な学習の時間を作り上げていく過程で発揮してきた教材研究の力や授業の構成能力を、防災教育でも活用しましょう。

総合的な学習の時間で培ってきた調べ学習やグループ学習のノウハウは、防災教育でも使えます。壁新聞づくりや発表という授業形態は、防災教育でも役立ちます。

環境教育で培ってきた自然のメカニズムへの驚きと自然への畏敬の念は、防災教育にも必要です。人権教育で養ってきた人間の尊厳へのリスペクトは、災害時の被災者の支援に必ず生きてきます。福祉教育で学んだノウハウと援護を必要とする人々への心遣いは、災害時要援護者の支援に役立ちます。

そして防災の授業をつくっていく作業は、大変なことではなく、楽しいものだと考えましょう。教育課程を教師自らが作り出すことができるのは、幸せなことです。

それでも防災教育を担当することに不安を感じる人がいるはずです。自分は、防災教育はやったことがない、初めてだ、防災のイロハを知らない、だから担当するのは無理だ、という言い訳は、私はよく聞かされてきました。

初めてだからできない、というのは嘘です。誰でも、初めて何かをするときは、初心者なのです。そこで逃げていては、いつまでも何もできないままです。やれば、だれでもできるのです。

防災教育のイロハを知らないと主張する人には、イロハを学べる支援策がすでにしっかりと存在していることを指摘しました。防災教育チャレンジプランや防災未来賞ぼうさい甲子園が蓄積してきた実践事例は、力強い味方となってくれます。

防災教育の「担い手」と「つなぎ手」

それでもまだ不安を感じる人には、文部科学省の「防災教育支援に関する懇談会」(平成一九年)が打ち出した三つの戦略をよく読んでください(私は委員の一人として議論に参加しました)。

一つ目は、防災教育の「**担い手**」・「**つなぎ手**」の育成です。

防災教育担当者に指名された教師は、防災教育の「担い手」にならなければならないと考えます。教材さがし、授業の組み立て、実際の授業の実施などを、ほとんど一手に引き受けるために、大きなストレスを感じています。全くの素人の自分が防災教育の「担い手」にならなければならないと焦るのです。

もちろん、「担い手」になる必要はあります。教師が学び、準備し、授業をするスタイルは、学校教育の基本です。

しかし、世の中には、防災の専門家がたくさんいます。災害体験者がたくさんいます。彼らを活用するのも、一つの方法です。彼らに学校に来てもらい、防災の授業を受け持ってもらえばいいのです。彼らをつなぐ役割を教職員が担うこと、それが「つなぎ手」の発想です。

私が「つなぎ手」の大切さを認識したのは、二〇〇一年一月一七日に舞子高校で行った震災メモリアル行事「阪神・淡路大震災を忘れない～21世紀を担う私たちの使命～」の時です。正確にはその準備の時に、「つなぎ手」として学校の門戸を開くことの大切さに気付きました。

舞子高校に防災専門学科を設置することが決まり、準備が始まった二〇〇〇年度の一月、防災教育を学校の核にするために思いついた行事が、メモリアル行事です。全校生徒を対象とした記念講演と様々な分野に分かれて体験者の話を聞く分科会から構成しました。

分科会は二三もの数になりました。

震災の発生した一月一七日に、震災に深いかかわりのある人に学校に来ていただき、話をしてもらうのです。忙しくて、半数は断ってくるだろうという読みがありました。だから、二三人に依頼したのです。

ところが、誰一人、断る人はいませんでした。子どもの法事の時間を変えてきてくださった方もおられます。あるテレビアナウンサーは、多忙な方で、いったん参加要請を断ったのですが、後でそれを撤回し、来てくれました。

その時、気付いたのです。震災を語りたい人はたくさんいるけれども、その場がないのだと。学校が場を開放すれば、たくさんの方が、自分の体験を語ってくれるのだと。

この時、「つなぎ手」という確固としたイメージを持って、メモリアル行事を運営したわけではありません。結果的に、学校が「つなぎ手」となったのです。

学校が「つなぎ手」となる発想は、一方で地域資源の活用を促進し、もう一方で教職員の負担を軽減します。「開かれた学校づくり」にもつながります。子どもたちにとっては、いつもの先生とは違う人からの授業という非日常が、防災学習をより楽しく、より意味のあるものにするはずです。

学ぶ場の提供と気付きの大切さ

防災教育支援のための懇談会が打ち出した戦略の二つ目は、学びの素材・場の提供です。これについては、何度も解決策を書いてきました。素材を提供するポータルサイトは既に存在し、機能しています。

三つ目の戦略が、**「内発的動機付け」・「気付き」**を促すことです。

教育効果を上げるには、資格を取っていい就職をしたい、いい成績をとって小遣いをアップしてもらいたい、先生にほめられたいなどの「外発的動機付け」も必要でしょう。人は目の前に目標がなければ、なかなか勉強しようとしないものです。

しかし、学びを持続させる原動力は、自分から学ぼうという意欲です。

人は好きなことには熱心になれます。

英語が苦手でも、ゲームで使うカタカナは簡単に覚えることができます。スポーツでいい成績を残したいと考える人は、たとえ読書が苦手であっても、そのスポーツの理論を読もうとします。昆虫が好きな少年は、専門書のような図鑑を読むことも苦にしません。

防災分野にかかわらず、どんな教育でも、子どもたちを学びたいという気持ちにさせ、その気持ちを持続させる工夫が必要です。

私が初めて「気付き」という言葉を教わったのは、防災教育を始めて間もないころ、東京で開かれた「安全・安心まちづくりワークショップ」に生徒と一緒に参加した時のことです。当時から、子どもの安全・安心をテーマに活発な研究、実践活動を行っていた国崎信江《くにざきのぶえ》さん（現在は危機管理教育研究所代表）の話を伺う機会がありました。国崎さんは、「気付き」の大切さを繰り返し強調されていました。

気付かせるためには、怖がらせるだけではだめです。防災の学びへの納得が必要です。人は、腑に落ちて初めて学ぶ意識を持つのです。

国崎さんは、母親になった時に、子どもを守るにはどうすればいいかを考え、そこから防災、安全の研究を始めたと言います。子どもの存在が、防災、安全の大切さに気付かせてくれたのです。

防災との多様な出会い

防災を学ぶことの大切さに気付かせる方法の一つに、様々な分野と防災の関係を考えさせる学習があります。舞子高校環境防災科の専門科目では、生徒たちに様々な分野を教えています。学校避難所、まちづくり、災害時要援護者、福祉、国際理解、耐震、ボランティア、中・長期的支援、行政、ライフライン、消防、警察、自衛隊、法律、地学、鉄道事故などの人為災害、津波と原発などの多様な分野を取り上げ、防災と関連づけて学ばせています。それぞれの分野も、単独で取り上げるのではなく、相互に関連させて取り上げることもあります。

すべての分野を掘り下げるのではなく、広く、薄く教えているイメージです。

どの分野からでも防災にアプローチできることを知った生徒たちは、災害という非日常が実は日常とつながっているのだということに気付きます。その気付きが、遠くにある防災を自分の近くに引き寄せるのです。

「夢と防災」

私は舞子高校での一二年間の防災教育で、「夢と防災」という学習方法をつくりました。生徒たちに自分の将来の夢を考えさせ、その夢の実現のために必要な力とは何か、その夢の世界で働いていくために不可欠な力は何か、その分野は防災とどうつながっているか、そしてその分野にどのようにして防災を持ち込みたいかを考えさせ、レポートにまとめさせ、発表させるのです。

この授業は、高校生だけではなく、中学生、小学生でも可能です。夢という子どもたちにとって大切な目標が、どこかで防災に関係があると知った子どもは、防災を身近なものに感じます。

ある小学生の女の子は、パティシエになるという夢を持っています。私が、「パティシエは災害時に役立つでしょうか」と問いかけると、少し暗い顔をしました。「役に立たない」というのが彼女の回答です。なるほど、地震や津波の映像を見ると、あの混乱の中でパティシエに何ができるか、小学生ではすぐには思い浮かばないのも無理はありません。

そこで、避難所の食事を説明しました。ある避難所では、朝は冷たいおにぎり、昼はカップ麺、夜は揚げ物が中心の冷えたお弁当だそうです。それが何日も続きます。

「そこにあなたの作ったスイーツが届きました。さて、被災者はどう感じるでしょうか」

この質問に、その小学生は目を輝かせて答えました。

「喜んでくれる」

彼女は、パティシエが災害時の支援となることがうれしかったのです。こうして、防災と自分の夢がつながっていきます。

高校生になると、夢は進路という言葉に置き換えられます。キャリア教育の一環で、夢と防災の授業を行うことも可能です。

「夢と防災」は、子どもたちに防災学習の大切さ、面白さに気付かせる魔法です。

おわりに

防災教育を劇的に広げる魔法はありません。

「私は災害には遭わないですよ。万一遭っても助かります。大丈夫です」

「大切なのはわかっているけど、英語や数学の時間も確保しないとね」

「早く始めないといけないのはわかっています。でも、どうやったらいいかわからないんです」

このような疑問、悩み、反論、言い訳には、本書できちんと答えを書いたつもりです。

防災教育をしなければならない立場にいながらまだ始めていない人々の責任を追及するのではなく、あくまでも「一緒に始めようよ」という姿勢で、私なりの回答を示してきたつもりです。


最後にもう一つ、防災教育が広がらない理由を考えてみましょう。

これから書くのは、防災教育に熱心にとりくんでいる人の存在が、防災教育が広がらない理由の一つだという、真面目で、前向きの実践者からすればかなりカチンとくるような話です。お許しください。

防災教育の実践者、あるいは実践者を支援する人は、二種類に大別できます。防災を専門とする人々と、教育の専門家です。

私が防災教育に関わり始めた頃、つまり二〇〇〇年から二〇〇五年頃は、防災教育を実施するときには、防災の専門家を学校に招いて授業や講演、防災訓練の指導をしていただくというやり方が主流でした。それも年に一回か二回のことです。

ここでいう防災の専門家とは、地震や気象などの科学、建築や土木、火災などのバックボーンを持って防災を考えている大学の先生方や、消防関係者のことです。

当時は、防災教育は専門家でなければできないという考え方が、教職員の間で優勢でした。だから、学校は、専門家に「丸投げ」していたのです。専門家も、防災を学ぼうとする学校の存在、そこで一生懸命勉強する子どもたちの存在に防災の未来を感じ取って、「丸投げ」された防災教育を丸ごと受け止めていました。つまり、全部自分でやってしまっていたのです。

私はインド洋大津波の被災地であるスリランカやインドネシアのバンダアチェ、四川大地震の被災地を何度も訪れ、防災教育の研修に関わったり、現地の教育関係者の話を聞かせてもらったりしてきました。それだけではなく、国内外の被災地で、被災者と支援に関わるＮＰＯ関係者の話もたくさん聞いてきました。

そこでたどり着いた結論は、支援は自立を後押しするものでなければならない、という真理です。被災地で、支援者が何でもかんでも引き受けて全部やってしまうと、立ち上がろうとする人々の自立の芽をつんでしまうという事実を、私は何度も目撃し、繰り返し聞かされてきました。大切なのは、被災者が自立する力を回復していく過程に寄り添いながら支援すること、つまり、エンパワーメントなのです。

ＴＯＴという考え方があります。Training of Trainers の略です。外から来た人が何でもかんでも引き受けて、それで状況が改善され、うまくいったとしても、その人たちがその土地を離れると、その人たちが進めていた活動を誰も継承できない、という事態が起こることがあります。そんな時、活動の sustainability の重要性がよく指摘されますが、それは、様々な活動が sustainable でないことの証拠でもあります。

支援者はいつか必ず、その土地から離れます。だから、その土地の人々が、その実践を継続していくことを前提に、活動家を育てなければなりません。つまり、trainers を育てるのです。それが、ＴＯＴの意味です。

防災教育でも同じことが言えます。

防災の専門家は防災教育を一生懸命広げようとしています。ただ、その任務を背負い込んで、何でも自分でやろうとしてしまう専門家が多いような気がします。自分だけが防災教育の担い手になってしまい、学校に担い手を作れていないのです。専門家が教室で実践すればするほど、防災教育に関わる教職員が育たないのです。

専門家は、ちょっと離れて、trainersを育てるくらいのスタンスがちょうどいいと思います。念のため言い添えておきます。防災教育が広がらない責任が、何でも引き受ける防災の専門家にあると主張しているのではありません。責任はなんでもすぐに丸投げしてしまう学校側にあります。

一方、教育の側には二種類の関係者がいます。専門家と教職員です。

教職員の丸投げ姿勢は、すでに指摘、批判しました。では、教育の専門家、特に大学の先生方は、防災教育とどう向き合ってきたのでしょうか。そもそも、彼らは防災に関わろうとしてきたのでしょうか。

残念ながら、教育学者が防災教育と正面切って向かい合っているという話は、ほとんど聞きません。地学の専門家が、災害体験を背景に防災教育に熱心にとりくんでいる例や、家庭科教育の専門家が、防災教育を家庭科に取り入れようとがんばっている例は、知っています。しかし、教育専門家の世界では、教科教育法や教育原理、教育心理、学校経営、環境教育、地域学習、国際交流、人権・平和教育などの分野と比べると、防災教育は全くと言っていいほど、市民権を得ていません。

最近でこそ、命の教育や環境教育、人権教育の分野で防災教育を取り上げるようになってきましたが、それは、あくまでも既存の領域にゲストとして招いているだけであって、防災教育という領域を新たに作っていこうという動きではありません。教育の専門家は自分の領域から出ようとしないのです。そこを変えないと、防災教育は広がっていかないのではないでしょうか。

防災教育が活発にとりくまれだしたのは二〇〇〇年を過ぎた頃からです。阪神・淡路大震災の課題を教育界が受け止めてきて(もちろん、被災地に限られていましたが)、ある程度の蓄積ができた頃です。防災教育チャレンジプランや防災未来賞ぼうさい甲子園がスタートし、人と防災未来センターができ、舞子高校に環境防災科が設置された頃からです。それからの一〇年間は、防災専門家が防災教育をリードし、育ててきた時代です。

次の一〇年は、どんな時代になればいいのでしょうか。もう、おわかりだと思います。

防災専門家が防災教育の材料を提供する。

教職員がそれを学んで活用する。

教育専門家が防災教育の教育方法や教育内容の整理と編成を進める（薬篭筒です）。

教職員がそこから学び、実践し、実践事例の検討を積み重ね、批評を経て成長していく。

防災と教育の結びつきと相互作用が、「防災教育力」を生み出し、防災教育の未来をつくっていくと、私は思っています。

諏訪清二

二〇一五年九月

諏訪清二

1960年生まれ．兵庫県立大学特任教授(大学院減災復興政策研究科)，防災学習アドバイザー・コラボレーター．全国の高校で唯一の防災科として注目を集めた兵庫県立舞子高校環境防災科の開設時(2002年)より科長を務め，長く防災教育プログラムの開発に携わってきた．インド洋大津波，四川大震災など海外の被災地で防災教育にも参加．東日本大震災をはじめとする国内外の被災地でも生徒とともにボランティアや被災者との交流に従事．防災教育の第一人者として各地で教育活動を行っている．文部科学省「東日本大震災を受けた防災教育・防災管理等に関する有識者会議」など，防災教育関連の委員を務める．2020年より防災教育学会会長．

防災教育の不思議な力——子ども・学校・地域を変える

2015年11月19日　第1刷発行
2021年7月26日　第2刷発行

著　者　諏訪清二《すわせいじ》

発行者　坂本政謙

発行所　株式会社 岩波書店
〒101-8002 東京都千代田区一ツ橋2-5-5
電話案内 03-5210-4000
https://www.iwanami.co.jp/

印刷・三陽社　カバー・半七印刷　製本・牧製本

ISBN 978-4-00-024790-0　　Printed in Japan